CAMPAGNE DU NORD

(1870-1871)

LE 3ME BATAILLON

DES MOBILES DE LA MARNE

PAR

Un Mobile du 101e Régiment de Marche

(SOMME & MARNE)

Les guerres commencent par l'ambition des princes et finissent par le malheur des peuples.

L'abbé BARTHÉLEMY.

REIMS

V. GEOFFROY ET Cie, LIBRAIRES-ÉDITEURS

ET CHEZ TOUS LES LIBRAIRES

1871

AVIS AU LECTEUR.

Avant de commencer ce récit de la campagne du 3e bataillon des mobiles de la Marne, je prierai le lecteur de vouloir bien prendre ces quelques lignes en considération.

Ces pages écrites en grande partie au jour le jour pendant l'hiver dernier, n'étaient pas destinées à la publicité ; j'espérais toujours voir de plus autorisés et de meilleurs narrateurs que moi prendre la parole.

Encouragé par plusieurs amis, qui ont bien voulu m'aider de leurs conseils et de leurs souvenirs, j'ai entrepris de raconter notre campagne ou plutôt de retranscrire mes notes d'autrefois.

J'ai tenu avant tout d'être vrai, au risque d'être parfois sévère, mes anciens compagnons d'armes apprécieront j'ai atteint mon but

Ce travail est plutôt un « journal » qu'un livre, et je m'y suis abstenu de toute prétention littéraire ou stratégique.

Ma pensée en retraçant notre histoire dans la dernière guerre, a été de rappeler à tous que notre passé engageait notre avenir, et qu'au premier appel la France pourrait compter sur les Mobiles du 3e bataillon de la Marne.

De l'indulgence donc, pour ce conscrit fort peu littéraire qui ne cherche auprès de ses lecteurs qu'un bienveillant accueil.

UN MOBILE du 101e DE MARCHE.

(Régiment de Somme-et-Marne.)

Reims, Novembre 1871.

I.

Organisation de la Garde Mobile du 3me Bataillon de la Marne. — Formation des cadres. — Reims. — Du 5 août au 4 septembre.

Le 19 Juillet 1870, la France acclamait avec un enthousiasme presqu'unanime une guerre qui, depuis longtemps, était devenue inévitable et que, par une vieille habitude de notre pays plus follement brave que réfléchi, nous accueillions sans crainte.

Tout était prêt jusqu'au dernier bouton de guêtre, le ministre de la guerre en avait publiquement donné sa parole au pays, et la victoire ne pouvant déserter notre drapeau, le résultat pour tous ne laissait point de doute.

Vers cette même date, la Mobile, depuis longtemps organisée sur le papier, était appelée à l'activité.

Les cadres des officiers se formaient en hâte aux chefs-lieux des départements, où bien des grades durent être forcément accordés à la faveur, pour avoir un semblant de troupes comm ndées par un semblant d'officiers. — Les mobiles de Paris furent les premiers habillés, instruits et armés. Est-ce parce que nous étions plus près de la frontière que nous devions être appelés les derniers?

Le 5 août, les cadres du 3me bataillon de la 5 août 1870

Marne (51e légion) (1), se réunissaient à Reims à la caserne Colbert, et les conscrits qui se sentaient pris d'un beau zèle pour les galons de sous-officiers se présentèrent, et obtinrent, presque tous, un peu sur leur bonne mine, des grades qu'il fallait à tout prix distribuer.

Dès le 6, les cadres, presqu'au complet, commencèrent à manœuvrer sous la direction de notre chef de bataillon, M. le vicomte de Breuil, ancien lieutenant de hussards, et de quatre capitaines détachés de l'armée active, MM. Dô, Lefort, Bussières et Pompéani.

Un autre capitaine, M. de Sapicourt, avait servi comme lieutenant d'infanterie.

Les capitaines des autres compagnies étaient MM. d'Aubilly, Desrousseaux et d'Hauterive, dont le zèle et le patriotisme eurent bientôt raison de leur peu de connaissances militaires (2).

(1) D'après la loi de 1868, chaque département formait une légion composée d'autant de bataillons qu'il y avait d'arrondissements dans le pays.

(2) A sa formation, le bataillon fut ainsi constitué :

1re cie,	capne :	M. d'Aubilly.	Canton d'Isles-sur-Suippes.
2e	—	M. Lefort, capne au 62e de Ligne.	— de Bourgogne.
3e	—	M. Desrousseaux.	— de Châtillon.
4e	—	M. de Sapicourt.	— de Fismes
5e	—	M. Pompéani, capne au 62e de L.	1er canton de Reims.
6e	—	M. Bussière, capne au 72e de L.	2e —
7e	—	M. Dô, capne au 62e de L.	3e —
8e	—	M. d'Hauterive.	Canton de Ville-en-Tardenois.

M. Dô, capitaine de la 7e compagnie, remplit de suite les fonctions d'adjudant-major.

Tous mirent beaucoup de cœur et de dévouement dans la tâche ardue qui leur incombait de rendre leurs officiers et sous-officiers capables de diriger les premiers exercices des conscrits convoqués pour les 10 et 12 août.

Aussitôt les compagnies formées, nous travaillâmes avec ardeur. Quatre heures par jour furent consacrées aux exercices ; le reste du temps nous eûmes à faire notre apprentissage de la vie de caserne : installation des lits, corvées, gardes, cuisine. Puis, vers le 20, des fusils à tabatières nous furent distribués, et nous apprîmes vite à les entretenir et à les porter le plus militairement possible.

Dès lors le service de la place nous incomba, nous eûmes 19 postes à garder en ville, dont deux grand'gardes à la porte Gerbert et à la bifurcation des lignes ferrées du Nord, des Ardennes et du Camp.

Quelques jours après le passage de l'armée de Mac-Mahon, on vint appeler de nuit notre bataillon pour rétablir l'ordre troublé à la Gare par des pillards en train de se partager fraternellement un convoi de vivres.

Nous fîmes merveille, plusieurs mobiles menacèrent les voleurs de faire feu s'ils ne se rendaient pas, et cependant nous n'avions pas de cartouches.

En quinze jours nous étions devenus de zélés défenseurs de la propriété et de l'ordre public, avant d'avoir à défendre, sur le champ de bataille, l'honneur et le sol de la patrie.

II.

Le 4 Septembre. — Départ de Reims. — Fismes. — Soissons. — Abbeville.

4 septembre Dans la nuit du 3 au 4 septembre, les brigades d'Exea et de Liniers, détachées du corps du général Vinoy pour la défense de la place, et installées dans deux camps sur le point d'être retranchés aux portes de Reims, plièrent bagages et se retirèrent précipitamment sur Paris. — L'ennemi était à deux heures de la ville.

Les ordres d'abandonner la place furent si brusquement donnés à notre chef de bataillon que, dans la précipitation, deux postes furent oubliés et que la seule partie du bataillon logée à la caserne et tous les officiers partirent à trois heures du matin, emportant le plus grand nombre possible de cartouches, et gagnèrent Fismes par des chemins de traverse. Ce qui restait de munitions à la poudrière fut noyé par les soins de la municipalité.

La prudence commandait d'éviter la grand'route où notre tenue voyante (1) aurait pu attirer la

(1) Nous avions pour tout équipement une blouse de toile blanche à collet rouge, un képi blanc, un ceinturon et une cartouchière vernis. C'était là tout ce que l'Empire avait pu faire pour nous.

cavalerie ennemie rôdant déjà dans les environs.

Le reste du bataillon rejoignit comme il put dans la journée, non sans courir de grands dangers, car dès huit heures du matin, quelques hulans se présentaient dans les faubourgs et, sur les onze heures, un corps d'armée prussien d'avant garde, fort d'environ 40,000 hommes, défilait dans nos rues désertes, attérant la population par une si brusque invasion.

Sedan était rendue, Napoléon et 80,000 hommes étaient faits prisonniers depuis le 1er septembre et Reims n'en apprenait la nouvelle qu'en voyant l'ennemi dans ses murs.

Notre première étape fut rude, nous arrivâmes à Fismes vers une heure de l'après-midi. Nous pûmes à peine trouver à manger, la ville étant, depuis le matin, traversée par les troupes françaises en retraite sur Paris.

Vers les trois heures, un train se forma pour nous faire gagner Soissons; mais après la station de Braisne, la voie, trop encombrée, ne permit plus à notre train d'avancer. Trois heures durant, nous attendons des ordres en wagon; enfin on nous fait reprendre la route et nous n'entrons en ville que vers onze heures.

Une grande partie d'entre nous durent coucher sur les trottoirs; d'autres trouvèrent une grande halle où ils purent un peu mieux s'abriter.

Dans la soirée, le tambour de ville annonçait aux habitants la déchéance de l'Empire et la proclamation de la République.

Le lendemain à dix heures, nous montions en

chemin de fer pour une destination inconnue.

A la gare de Paris, où nous croyions descendre, on nous fit une petite ovation : toutes les fenêtres étaient garnies de femmes et d'hommes agitant leurs mouchoirs à la vue de notre train et nous accueillant aux cris de Vive la République ! Vive la Mobile !

Nous étions au 5 septembre et nous arrivions des premiers parmi les mobiles de province appelés à concourir à la défense de la capitale.

Notre illusion ne fut pas de longue durée. A peine en gare, le clairon nous rappela et nous repartîmes sur la ligne d'Amiens.

Notre convoi, qui se composait d'une trentaine de wagons, offrait le spectacle le plus bizarre ; des mobiles perchés sur les toits des voitures se promenaient en gambadant, les portières étaient ouvertes, et la circulation était continuelle sur les marchepieds.

La *Marseillaise*, le *Chant du Départ* faisaient oublier l'appréhension de l'avenir, les malheurs de la France et la brusque séparation de la veille.

A Creil, nous profitâmes d'une forte collation préparée par la générosité patriotique des habitants pour un bataillon de ligne dont on attendait le passage

Cette réception nous laissa un souvenir d'autant meilleur que la veille, à Soissons, nous avions à peine pu satisfaire notre faim.

5 septembre Abbeville

A onze heures du soir on nous débarquait à Abbeville, où nous fîmes une impression fâcheuse, vu l'heure avancée à laquelle nous dûmes réveiller les habitants.

Nos trois semaines de séjour dans cette charmante petite ville, dont chacun de nous gardera toujours un si bon souvenir, firent revenir assez vite les Abbevillois de leur première impression.

Jusqu'au 25 septembre nous y demeurâmes choyés par la population tout entière. Chacun de nous y trouva une famille et des amis dont il avait tant besoin.

Toute communication avec Reims était devenue impossible ; le bruit de réquisitions les plus vexatoires et des plus étranges imposées à notre malheureux pays arrivaient jusqu'à nous.

Heureusement des mobiles retardataires qui venaient chaque jour nous rejoindre, rétablirent peu à peu la vérité au grand soulagement de tous.

Bientôt le bataillon d'Abbeville, dont les officiers et sous-officiers nous avaient, à notre arrivée, si fraternellement donné l'accolade, partit pour Paris, emportant nos meilleures sympathies.

Beaucoup d'entre nous enviaient leur sort, notre rôle devait être tout autre; et s'il nous fallait par la suite endurer bien des misères, nous devions avoir l'honneur d'être de cette petite armée du Nord, sortie sans tache de cette guerre funeste qui amena tant de déceptions.

Nous travaillions avec ardeur sur le Champ de Mars nos écoles de peloton, de bataillon et de tirailleurs.

La discipline s'affermissait petit à petit, les cœurs reprenaient espoir, quand des bruits de départ se répandirent vaguement d'abord, puis se confirmèrent bientôt ; de fait, n'étions-nous pas trop heureux, et cette vie si douce, ne pouvait-elle devenir un danger ? Il nous fallait donc quitter cette bonne garnison.

Encore une fois, merci de votre accueil, chers habitants d'Abbeville, notre séjour au milieu de vous nous fit bien souvent dans la suite vivre d'heureux souvenirs.

III.

Départ d'Abbeville. — Saint-Just. — Affaire de Clermont.

Le 25 septembre, à sept heures du matin, nous 25 septembre
quittons cette bonne ville qu'un violent incendie met en émoi.

Ici commencent nos misères et notre dur apprentissage du métier des armes.

Cette fois nous avions des tuniques de mauvais drap, mais enfin nous avions des tuniques, des pantalons gris à bandes rouges, des képis de drap et des fourreaux de baïonnettes.

Il nous fallait encore gémir plus d'un long mois après des havre-sacs, ce complément indispensable de l'équipement. Nos effets, enfermés dans des mouchoirs ou des sacs de voyage, nous faisaient plutôt ressembler à des émigrants qu'à des soldats faisant une étape.

On nous embarqua en chemin de fer pour Saint-Just, station de la ligne de Paris entre Amiens et Creil.

Nous y arrivons à midi et demi, pour y dîner sommairement, et là nous attendons des ordres toute l'après-midi.

A cinq heures et demie enfin nous sommes dirigés à pied — système primitif de locomotion que nous ne devions plus quitter de longtemps — sur Clermont, petite ville pittoresquement assise sur un côteau charmant et bien préparé par la nature à devenir une forteresse de l'avenir.

6 septembre
Affaire
de Clermont

Le lendemain, à l'appel du matin, on nous distribue en hâte des cartouches, car celles de Reims, dont quelques étourdis avaient fait, dans notre premier voyage, un usage inconsidéré, nous avaient été retirées à Abbeville, et on nous annonce que nous allons donner la chasse à 5 ou 600 Prussiens qui réquisitionnent dans les environs.

Avant le départ, nos capitaines tiennent au premier étage de la mairie un petit conseil de guerre. Une fâcheuse chute que fait M. le capitaine Bussières en descendant de la salle de réunion, nous priva pour le reste de la campagne de sa précieuse expérience.

Nous étions plus de 1,200 hommes; aussi notre confiance était-elle grande, et avions-nous à cœur de mériter mieux que la réputation un peu hâtive que les mobiles avaient aux yeux de trop de monde.

Puis, les Clermontois étaient très-enthousiastes, une vingtaine d'entre eux nous suivirent tout le temps de l'escarmouche, et presque toute la ville nous escorta jusqu'aux dernières maisons que la prudence les empêcha de dépasser.

Nos quatre premières compagnies se déploient assez bien en tirailleurs à droite et à gauche de la route, que le reste du bataillon suit en longeant les arbres et se dissimulant de son mieux.

A peine à 200 mètres du pays, nous entendons les premiers coups de feu. — Alors l'impression, l'enthousiasme, la curiosité nous font prendre le pas gymnastique. Adieu les rangs ! nous voilà partis à la poursuite des Prussiens que nous voyons filer dans leurs gros chariots de réquisitions à travers champs, et au galop de leurs chevaux.

Le roulement de l'assemblée, que notre commandant fit battre plusieurs fois, nous fit reformer un peu avant de Liancourt.

Nous avions essuyé quelques décharges, mais personne de nous n'était atteint et nous avions fait 5 prisonniers. C'était, ma foi, des soldats de la garde royale, et notre gloire fut grande de ramener en triomphe notre capture : tous étaient bien vêtus et bien gras malgré ce que nous lisions tous les jours sur le compte de nos ennemis.

Les paysans nous dirent dans la soirée que les Prussiens devaient avoir eu une vingtaine d'hommes hors de combat.

A peine rentrés dans Clermont, le tocsin de tous les environs, le tambour de ville, nos tapins et nos clairons répandent l'alarme dans le pays et nous font reprendre les armes.

C'était une fausse alerte ; on avait pris pour des Prussiens la compagnie de Sapicourt qui, entraînée par son enthousiasme, avait poussé bien au-delà de Liancourt sa poursuite échevelée et revenait harassée et au complet, fort heureusement.

IV.

Départ de Clermont. — Bresle. — Breteuil. — Alertes.

Sur les onze heures du soir, la nouvelle arrivant à notre grand'garde que l'ennemi s'avance en force (3,000 hommes et une batterie), sous les ordres d'un général prussien, pour venger la déroute de la matinée, notre commandant fait battre le rappel.

27 septembre Ce n'est pas sans peine que nous quittons nos lits si bons après une telle journée. A une heure du matin, nous défilons devant la population, attérée de se voir ainsi abandonnée aux....... dures représailles d'un ennemi implacable dans ses vengeances.

Presque au sortir de Clermont, nous traversons une épaisse forêt de plus de trois kilomètres; la nuit, la solitude ne nous réjouissent que médiocrement le cœur. — A chaque pas, on entend les officiers recommander à voix basse le silence et pester contre les imprudents qui enfreignent la consigne en allumant leurs pipes.

Nous marchons sur Beauvais, mais à Bresle où

nous passons quelques heures, nous apprenons que cette ville est occupée par l'ennemi et nous devons chercher à gagner Saint-Just.

Dans cette marche, un lieutenant de dragons, escorté d'un de ses hommes, sort au galop d'un petit bois pour gagner la route où nous défilons ; quelques hommes les couchent en joue, heureusement ils reconnaissent à temps l'uniforme français.

En quittant le village, nous eûmes la douleur de voir à l'horizon brûler Rantigny près de Liancourt. L'ennemi, qui nous poursuivait, y avait voulu marquer son passage.

A un kilomètre à peine de Saint-Just, on nous annonce qu'une colonne de cavalerie prussienne est signalée et que nous devons rebrousser chemin ; nous regagnons assez loin, à travers terres, la grand'route de Breteuil où nous arrivons à dix heures du soir, harassés et cependant presque en ordre.

Ce bourg est déjà occupé par un bataillon du 43e de ligne et le 4e bataillon des mobiles de la Somme et nous devons nous loger à la force du poignet.

Nous venions de faire 54 kilomètres en 21 heures, c'était pour nous, à l'époque, un petit phénomène qui, joint à notre succès de la veille, pouvait nous rendre fiers.

A peine installés pour la nuit le clairon nous réveille ; c'est le 43me qui part en reconnaissance.

Le lendemain, à dix heures du soir, prise d'armes, à minuit on nous renvoie à nos logements ; quatre heures après, nouveau rappel avec la marche du régiment ; nous nous réunissons très-peu satisfaits et, à sept heures du matin, on nous donne l'ordre de rentrer à nos logements.

Le 27 septembre, reconnaissance insignifiante l'après-midi.

Le 30, la population de Breteuil, fatiguée de ce surcroit de bouches, complote contre nous ; les boutiques, les cafés sont fermés. Sur les dix heures, le major du 43me, qui commande la colonne, menace la municipalité d'ordonner le pillage du bourg. — Ce grand moyen réussit, et les auberges, les épiceries et les cafés s'ouvrent comme par enchantement.

Le 1er octobre, à midi, moitié du bataillon part en grand'garde à la suite d'une alerte causée par une reconnaissance de hulans. — Elle reçoit sur les sept heures l'ordre de rejoindre le bataillon qui stationne depuis quelques heures derrière ses faisceaux sur la place du Jeu-de-Paume et qui part de suite pour Ailly-sur-Noye avec le reste de la colonne.

V.

Ailly-sur-Noye. — Dommartin. — Cottenchy. — Boves Retour à Ailly. — Jumel. — Départ pour Poix.

Partis de Breteuil à neuf heures du soir, nous marchons toute la nuit dans un pays de bois et de côtes, ce qui ne laisse pas de nous fatiguer beaucoup, surtout à cause de l'irrégularité de la marche de la tête de colonne. Nous arrivons à Ailly vers les deux heures du matin. 1er octobre

Le 43me de ligne et le 4me bataillon de la Somme étaient déjà plus nombreux qu'il ne fallait pour combler la mesure d'hospitalité peu enthousiaste des habitants.

Nous devons coucher en grande partie dans la rue, ou dans de vastes granges où les meilleures places sont déjà prises, ou bien encore en être réduits à prendre un gîte presque d'assaut.

Là encore nous mangeons par cœur ou à peu près.

A cinq heures du matin le réveil, puis la marche du régiment nous annoncent à notre grande joie que nous devons décamper. Arrivés à Dommartin, nous laissons le 43me et les mobiles de la

Somme continuer leur route dans la direction d'Amiens et nous entrons dans le village.

Devant les trente maisons du hameau, on est obligé de détacher deux compagnies à Cottenchy, petit village distant à peine d'un kilomètre ; nous passons là le reste de la journée et une bonne nuit, et cela au milieu d'une pénurie inconcevable de vivres causée par notre invasion inattendue.

Le jour de notre arrivée, les mobiles de la 7me compagnie concourent, à la grande joie du curé et des habitants de Cottenchy, à l'exécution d'une messe et d'un salut, chantés en l'honneur de la fête de saint Remi, patron particulier des Rémois.

Le lendemain, 3 octobre à onze heures, il nous faut encore reficeler nos hardes et partir pour une destination inconnue.

Nous stationnons une heure environ sur la place de Fouencamps, puis nous gagnons Bôves, joli bourg à deux lieux d'Amiens.

Après avoir attendu près de deux heures sur les rangs nos billets de logement, nous recevons pendant leur distribution l'ordre de regagner Ailly-sur-Noye, que nous avions été si heureux de quitter la veille. Nous y arrivons à huit heures du soir et, cette fois, il faut bien nous recevoir et nous loger tant bien que mal.

Le lendemain, au petit jour, on dirige deux compagnies à deux kilomètres plus loin, sur Jumel, où les deux premières compagnies avaient passé la nuit précédente et qu'elles venaient de quitter pour occuper Paillard, sur la route de Breteuil.

Ce raffinement d'installation nous fait espérer quelques jours de repos ; mais, à sept heures du soir, le même jour 4 octobre, les deux compagnies rentrent à Ailly, d'où tout le bataillon part bientôt à la nuit close.

Nouvelle marche à la clarté des étoiles. — Que de fois ainsi n'avons-nous pas, en marchant, soupiré après notre cher sommeil d'autrefois que nous ravissaient ces marches imprévues !

Nous traversons la jolie petite ville de Conty, et c'est à peine si nous pouvons entrevoir la silhouette de son élégante église.

Enfin, à quatre heures du matin, nous arrivons à Poix, où s'installent deux compagnies ; la 6e va occuper Croix-Rault, la 4e Eplessier, la 8e Blangy, quant à la 3e, elle va rejoindre à Grandvilliers, les 1re et 2e cies qui, de Paillard, se sont dirigées par Breteuil, et Crèvecœur sur ce bourg, où elles forment notre extrême avant-poste.

Les habitants de Crèvecœur, voyant la fatigue de nos compagnons d'armes mettent généreusement à leur service tous leurs chariots.

Cette bizarre caravane présentait le plus pittoresque coup-d'œil.

VI.

Séjour à Poix.— Grandvilliers.— Croix-Rault.— Blangy. — Eplessier. — Départ de 4 compagnies pour Amiens. — Ailly-sur-Noye. — Retour à Poix.

5 octobre Nous passons à Poix quelques jours agréables, l'exercice occupe notre temps que, dans ces villages, nous aurions eu bien de la peine à tuer sans cette utile distraction.

Les grand'gardes sont dures, mais, dame, nous ne sommes pas là pour nous amuser. En somme, bon temps à Poix et aux environs.

C'est pendant ces journées de repos qu'à cinq appels consécutifs, on nous lit le décret instituant la loi Martiale. Loi terrible, à la réalité de laquelle nous aurions eu bien de la peine à croire, s'il ne nous avait été bientôt donné d'en constater les tristes effets.

Pendant les premiers temps de notre séjour dans cette petite ville, nous voyons le général Paulze d'Ivoy, nouvellement promu au commandement de la place d'Amiens. Ce général venait, avec le préfet, passer en revue un bataillon de francs-tireurs au costume bizarre, qui fit à Poix quelques fredaines et partit bientôt sans que nous ayons jamais eu, depuis, l'occasion d'en entendre parler.

En dehors des pittoresques environs de Poix, et de

sa belle promenade coquettement dessinée dans une colline qui domine le bourg, nous pouvons visiter les ruines de l'ancien château des ducs de Mcuchy, et le superbe viaduc de la ligne de Rouen à Amiens, sous la dernière arche duquel une mine, garnie de poudre, est prête à jouer au premier ordre son rôle destructeur.

Nous étions là depuis le 5 octobre, et notre conseil éventuel faisait des démarches pour obtenir le complément de notre équipement à peine ébauché. Nos souliers de Reims et d'Abbeville commençaient à s'user, nous avions encore beaucoup de képis de toile, et la saison des froids se faisant déjà sentir, il fallait nous vêtir un peu plus confortablement que nous ne l'étions. — Pour faire de nous de vrais soldats, capables de tenir la campagne, des vêtements plus chauds, des sacs et surtout des objets de campement étaient indispensables. Mais tout cela était à improviser, et le résultat ne pouvait toujours répondre au zèle des organisateurs de l'armée.

Le 12 octobre, un train spécial emmène à Amiens, pour y être équipées, les 4e, 5e, 6e et 7e cies. Elles y arrivent à onze heures du matin. Les compagnies cantonnées à Grandvilliers viennent les remplacer à Poix ou s'en rapprochent. 12 octobre.

Les nouveaux débarqués à Amiens commençaient à peine à admirer les beautés d'une cité, merveille qu'ils n'avaient pas vue depuis déjà longtemps, quand la marche du régiment retentit à leurs oreilles.

Ce sont les 5e et 6e cies qui doivent partir en hâte par le chemin de fer pour Ailly-sur-Noye. Toujours ce pays fatal!

On vient d'apprendre à la Place que le 4e batᵒⁿ de la Somme, commandant Huré, qui était retourné seul à Breteuil, avait été, après une bonne défense, mis en déroute par des forces ennemies supérieures en nombre et soutenues par du canon.

Nos braves Champenois partaient pour secourir les fuyards et faire reformer le bataillon.

Le capitaine Pompéani commandait le détachement, qui eut, pendant plusieurs jours, fort à faire en reconnaissances et grand'gardes ; quand les deux compagnies nous rejoignirent à Poix le 21, tous étaient littéralement sur les dents, mais n'avaient pas eu d'engagements; l'ennemi ayant sans doute craint de rencontrer le pays gardé, s'était contenté de piller un peu Breteuil et s'en était tenu là.

20 octobre Les deux compagnies restées à Amiens vont, le 20 octobre, à la gare pour être dirigées sur Ham ; un contre-ordre arrive, et ce n'est qu'à 5 heures du soir qu'elles prennent le chemin de fer, mais cette fois pour Poix, où elles retrouvent leurs camarades.

Le commandant de Breuil resté dans ce bourg avait appris pendant notre absence que les Prussiens réquisitionnaient jusque dans Grandvilliers, qu'il avait reçu ordre de faire évacuer quelques jours auparavant ; il avait envoyé en reconnaissance ses trois 1res compagnies dans cette direction, elles ne poussèrent pas au-delà de Teussac, l'ennemi s'étant replié précipitamment à leur approche.

Est-il nécesaire de dire qu'on n'avait obtenu à Amiens qu'une très-faible partie de l'équipement qu'on y était allé chercher ?

VII.

Amiens. — Exercices, revues et grandes manœuvres. — Complément de notre équipement.

Dans la nuit du 21 au 22 octobre, l'inexorable marche du régiment nous fait reprendre armes et bagages pour regagner à pieds Amiens, où nous appelle le général Paulze D'Ivoy. La veille, la ville a eu une alerte, fausse d'ailleurs; mais peu importe, l'ennemi approche et il faut renforcer la garnison. 22 octobre. Amiens.

Nous arrivons à Amiens avec le jour. Cette fois nous compléterons notre équipement et nous recevrons des sacs et le campement que nous avions tant désiré et qui plus tard nous semblera souvent si lourd.

Nos exercices reprennent avec plus de régularité et nous perfectionnons tous les jours, nos écoles de bataillon et de tirailleurs, dans les belles promenades de la Hotoie.

Chaque dimanche, à onze heures, le général commandant la Place passe en revue la garnison (1)

(1) La garnison se composait, sauf les mouvements des différents corps, d'un bataillon de chasseurs à pied, d'un bataillon d'infanterie de marine, du 43e de ligne (marche), en formation, de deux bataillons de la mobile du Gard et leurs musiques, et de deux bataillons de mobiles de la Marne : celui d'Epernay, que nous fûmes heureux de rencontrer, et le nôtre, de deux batteries d'artillerie de mobile et enfin d'un contingent d'éclaireurs à cheval, des volontaires et de la garde nationale sédentaire.

sur les boulevards, d'où elle part pour faire de grandes manœuvres et la petite guerre, au grand désespoir des paysans d'alentour dont nous détruisons les champs de navets et de carottes, et à la grande joie des citadins qui viennent en foule nous voir manœuvrer.

A Amiens, nous retrouvons pour la plupart le bon accueil que nous avions rencontré à Abbeville, malgré des bruits fâcheux répandus faussement sur nous, à cause d'une vingtaine de traînards de notre bataillon, qui, au lieu de s'arrêter à Dommartin, avaient suivi le 43e et les mobiles de la Somme et nous avaient du reste bientôt rejoints.

Un jour nous sommes commandés, par une pluie battante, pour une revue que devait passer le général Bourbaki, récemment nommé commandant en chef de l'armée du Nord. Nous attendons longtemps l'arme au pied, mais le général ne vient pas.

C'est pendant notre séjour dans la capitale de la Picardie que nous apprîmes la capitulation de Metz. Cette affreuse nouvelle, grâce peut-être à la belle proclamation du gouvernement, n'abattit pas nos courages, elle ne fit au contraire qu'accroître notre haine pour le gouvernement déchu, qui nous valait toutes nos misères, et grandir notre désir de venger la patrie et de montrer à l'ennemi que si les Français s'étaient laissé tromper par un misérable, ils pouvaient revenir aux vertus si glorieuses de leurs pères.

A part cette grave nouvelle, nous menions une existence tranquille ; en dehors des exigences du service, nous avions quelques heures pour flaner dans la ville. Amiens regorgeait de journaux de toutes sortes, de toutes nuances, depuis les plus sérieux jusqu'au *Moblot*, feuille rédigée par nos amis du 2e bataillon de la Marne (Epernay) et illustrée par le sergent-fourier Lemot, l'habile caricaturiste.

Les journaux sérieux parlent d'armistice, mais ces bruits sont bientôt démentis...

Le 9 et le 10 Novembre la neige fait son apparition et tombe avec intensité durant ces deux journées. C'est le commencement des froids rigoureux que nous aurons à supporter pendant tout l'hiver.

VII.

Camp de Dury.

Un affreux cauchemar, qui devint vite une effroyable réalité, fut la construction de baraquements à deux kilomètres et sur tout le pourtour de la ville.

Un décret du gouvernement de la défense nationale, ordonnait la construction de camps aux environs des villes, pour donner aux troupes plus de discipline, leur faire consacrer plus de temps aux exercices et les endurcir à la vie de campagne.

A un kilomètre en avant des baraquements d'Amiens, la garnison, aidée d'ouvriers civils, construisait à la hâte des épaulements reliés par des tranchées qui devaient plutôt parer à l'éventualité d'une attaque soudaine que servir à une défense sérieuse.

16 novembre. Le 16 novembre, de triste mémoire, nous recevons l'ordre de nous préparer à aller occuper notre camp, situé à environ deux kilomètres de la ville, sur la route de Dury.

Après l'appel de midi, nous partons avec armes et bagages, disant adieu à nos cantonnements d'Amiens.

Arrivés aux baraques nous les trouvons complétement dépourvues de l'indispensable. On nous y fait laisser, sous la garde d'un poste de police, nos fusils et nos sacs pour retourner à Amiens chercher des paillasses. Jusqu'à huit heures du soir nous allons et venons de la caserne Saint-Jacques à la citadelle, partout nous devions trouver ce qu'il nous fallait et nous ne trouvions rien nulle part. Force fut de nous renvoyer, cette nuit encore, coucher dans nos anciens logements, nous ne nous fîmes pas répéter cet ordre.

Enfin le 17,dans la matinée,les dernières corvées transportent au camp le reste des toiles à paillasses et nous nous y installons.

D'abord pas de paille ; il nous fallut deux jours pour avoir la quantité nécessaire à tout le bataillon, puis pas d'eau, deux ouvriers solitaires travaillaient à creuser un puits qui était loin d'être terminé, quand il nous fallut décamper ; de telle sorte qu'il fallait 5 et 6 corvées par jour pour aller chercher aux fontaines des faubourgs d'Amiens, l'eau de la soupe. Les soins de propreté devinrent superflus, aussi restâmes-nous bien souvent plusieurs jours sans mouiller nos mains ni nos figures.

Les baraques, terminées à la hâte, étaient à peine jointes, l'eau, le vent, y pénétraient à plaisir. Dans les derniers temps de notre séjour,on refit les joints des planches, et on installa même des poêles dans deux baraques.

L'éclairage, lui aussi, et cela en plein novembre, avait été négligé, il fallait que les hommes, soit sur l'argent des compagnies, soit sur leur prêt,achetassent des chandelles qu'ils plantaient dans les douilles de leur bayonnettes.

Pauvre organisation! pauvre France!

Les cuisines établies étaient insuffisantes et incomplétement organisées; quelques compagnies seulement purent s'en servir, les autres durent s'installer sur le front de bandière : et rien n'était plus drôle que cette popote faite en plein vent.

Pour la première fois, nous devions nous servir de notre matériel de campement, marmites et gamelles. Toutefois l'humeur champenoise prit bientôt le dessus et les popotes organisées de tous côtés rivalisaient d'élégance et de confortable. Etre cuisinier n'était pas petite besogne.

Après quelques heures d'habitation, le camp eut bientôt pris une tournure coquette, on y voyait des rues, des avenues et des boulevards. Aux angles des baraques s'étalaient majestueux les noms de nos officiers à côté de noms de rues et de boulevards de notre cité rémoise, aussi bientôt put-on s'orienter dans le camp comme dans une ville de M. Haussmann. Le macadam, par exemple, était bien défectueux, aussi les baraques présentèrent-elles bientôt, grâce à la paille qui tombait des paillasses et à la boue que les chaussures y apportaient, l'aspect d'écuries fort mal tenues.

En même temps que l'organisation matérielle, le service s'établissait. Pauvres fourriers, pauvres sergents et caporaux de semaine, combien de fois le clairon vous appelait-il de sept heures du matin à huit heures du soir! Appels, corvées de quartier, salles de police, distributions, service de tranchées, car nous devions, chaque jour, fournir au génie un fort contingent de travailleurs, tous les services semblaient pleuvoir à plaisir. C'était un va et vient d'ordres continuels qui commençaient avec la diane et ne se terminaient souvent que bien après la retraite.

Alors, après les fatigues de toute sorte, tout en se disputant un peu de la lumière commune ou en s'installant pour dormir, tout habillé bien entendu, on trouvait encore le temps de rire. Les plus gais chantaient, donnaient des concerts ; enfin la joie faisait bien souvent oublier la misère.

Heureusement pour le moral des soldats que les dépêches officielles s'obstinaient à voir excellent, à part les joyeuses soirées, chaque jour, nous étions sur les dents par le rude travail des tranchées et le service des grand'gardes que, pour la première fois à Amiens, nous faisions par compagnie et non plus par section.

Des grand'gardes il n'en faut pas parler, sinon que c'est la plus dure et la plus effroyable corvée du soldat en campagne, sans compter que les poltrons y souffrent énormément de frayeurs continuelles.... mais il n'y avait pas de poltrons dans le bataillon.

Le 21 novembre, dans la soirée, nous allons à la gare d'Amiens; on doit nous y embarquer avec l'infanterie de marine et les mobiles du Gard pour Ham, aux environs duquel l'ennemi est signalé. 21 novembre.

A peine montés, un contre-ordre nous fait descendre de wagon, et nous regagnons tristement nos baraques que nous espérions bien ne plus revoir.

IX.

Reconnaissance et escarmouche de Domart — Villers-Bretonneux. — Mézières. — Derniers j urs au camp.

23 novembre Dans la nuit du 23 novembre, notre 1re compagnie part pour couper les ponts de la Somme, en avant de Sailly-Lorette.

Elle rentre, le 24, après avoir accompli sans encombre son œuvre de défense.

25 novembre. Le même jour, à minuit, nous sommes commandés de reconnaissance, nous dit-on, et nous partons par des chemins de traverse pour aller prendre à d'autres camps, sur notre gauche, des mobiles du nord qui font partie de notre expédition.

Le bataillon des mobiles du nord n'avait que sa toile de tente en bandoulière, pourquoi avions-nous nos sacs tout garnis ?

Le camp restait à la garde du sergent d'habillement, ayant sous ses ordres une vingtaine de malades et d'écloppés.

Nous traversons Boves de nuit et nous continuons notre étape sur Domart. Arrivés à la pointe du jour, en vue du village, notre commandant fait sonner la halte pour rallier les trainards qu'une si longue étape et l'épuisement a fait rester en arrière.

A peine sommes-nous étendus sur l'herbe humide que le bataillon du nord qui nous précédait et qui sur la foi des habitants était entré dans le village, est accueilli par une décharge de 200 cavaliers prussiens qui nous voyant venir se sont empressés de monter à cheval.

Nous nous hâtons de reprendre nos rangs et notre commandant nous fait former en deux demi bataillons et tourner le village en colonnes serrées, précédées par des tirailleurs. — Nous en sommes quittes pour une belle et harassante manœuvre dans les terres labourées et humides ; nous voyons à peine à l'horizon l'ennemi fuir à toute bride, et nous revenons défiler dans le village où se trouvent encore quelques mobiles du nord blessés et deux voitures de réquisitions abandonnées par l'ennemi.

Nous faisons halte un instant pour reprendre haleine et poursuivre notre reconnaissance, déjà bien longue, sur Villers-Bretonneux; tout le long du trajet nous entendons le bruit de la fusillade des troupes engagées dans cette direction.

Nous déposons nos sacs dans la gare et partons aussitôt sans prendre de repos pour Mézières, où se livrait l'engagement. Les plus fatigués d'entre nous montent dans des charriots que les habitants du village mettent généreusement à leur disposition pour gagner le lieu du combat.

Nous y arrivons pour constater la débacle des Prussiens. Ce n'était du reste qu'une avant-garde ; l'infanterie de marine, cantonnée depuis quelques jours à Villers, en avait eu facilement raison.

Les pertes des Français, dans cette journée, s'élevèrent à huit hommes tués et plusieurs blessés, nous voyions défiler ces victimes de la guerre dans des toiles de tente ou portées à dos par des camarades.

C'étaient avec les 5 mobiles du nord blessés le matin, les premiers martyrs de la défense que nous voyions.

Plut au ciel qu'ils eussent été les derniers !

A six heures nous rentrâmes dans Villers. Nous ne pûmes rien trouver à manger et il fallut nous contenter du biscuit que nous avions dans nos sacs. Nous dûmes attendre jusqu'à neuf heures un train spécial qui vint nous chercher pour nous ramener au camp. Nous n'en pouvions plus de faim et de fatigue.

Pendant quelques kilomètres nous entendîmes très-distinctement un feu assez nourri d'avant-postes. Cependant il n'y eut pas d'engagement sérieux dans ces environs avant le surlendemain.

Nous revînmes continuer au camp notre misérable vie où le travail des tranchées ne se faisait plus qu'armés jusqu'aux dents. — De nouvelles troupes arrivaient journellement en ville, de l'artillerie était attendue.

Enfin l'air sentait la poudre, les Prussiens que nous avions vu fuir à Mézières n'étaient que l'avant garde du corps de Manteuffel qui s'avançait lentement sur nous.

Déjà, le 26 novembre, un paysan passe au galop de son cheval devant le camp et nous annonce les Prussiens dans un bois à 2 ou 3 lieues d'Amiens au-delà de Dury.

Cet homme disait-il vrai ? Ne voulut-on pas

l'écouter, toujours est-il qu'on ne fit rien de sérieux alors et que le lendemain l'attaque de nos tranchées lui donna raison.

X.

Combat de Dury. — Retraite d'Amiens. — Pas. — Arras. — Fampoux. — Roclincourt. — Meurchin.

27 novembre. Combat de Dury. Le dimanche 27 novembre, à l'heure de la parade, l'adjudant-major du 4e bataillon de la Somme arrive ventre à terre de Dury dans les rues du camp en criant : Aux armes, les Prussiens sont sur nous!

Nous nous précipitons sur nos fusils, nous bouclons en hâte nos ceinturons, nous bourrons nos cartouchières et nos poches de cartouches et nous nous hâtons de prendre nos rangs pour voler à l'ennemi.

Malheureusement les compagnies étaient loin d'être au complet, près du tiers du bataillon venait de partir aux tranchées relever les travailleurs qui n'en étaient pas encore rentré. — Cependant nous partons au pas gymnastique, gais comme un jour de fête.

En arrivant aux tranchées nous rejoignons le 4e bataillon de la Somme qui se repliait de Dury et venait prendre position avec nous ainsi qu'un bataillon de chasseurs qui avait déjà soutenu quelques heures dans lés bois le choc de l'ennemi.

Des pointeurs marins (une centaine environ) arrivés le matin à notre camp accourent aussi pour servir leurs pièces déjà en position, mais il leur faut attendre quelque temps des munitions.

Le capitaine de grand'garde du bataillon de la Somme, à l'approche des batteries prussiennes, a fait couper des arbres en travers de la route qui entravent un moment leur marche et donnent à nos renforts le temps d'arriver. Le reste du bataillon vient nous rejoindre vivement, les obus ennemis commencent déjà à pleuvoir.

Deux pièces de l'artillerie mobile arrivent prendre position au milieu de nous. Un de leurs caissons, atteint par un obus, éclate ; un homme est grièvement blessé et deux chevaux sont éventrés.

La batterie des marins qui occupait la grand'-route souffrit beaucoup du feu de l'ennemi. Les chasseurs à pieds, établis à leur droite avec quelques-unes de nos compagnies, purent faire du mal aux Prussiens à cause de la portée de leurs armes. Nous ne pûmes que très-rarement et presque sans résultat faire usage de nos fusils à tabatière, l'ennemi ne s'avançant pas à moins de 1,000 mètres. Heureusement pour nous les feux prussiens furent dirigés en grande partie de 100 à 500 mètres en arrière de nous, sans doute sur des réserves supposées, car nous n'eûmes que trois hommes tués, et encore l'un d'eux, le sergent vaguemestre Mirambeau, fut-il atteint à 200 ou 300 mètres en arrière sur la route qu'il suivait pour venir nous rejoindre.

Cette mort, le premier deuil du bataillon, nous fut très-sensible. Mirambeau emportait les regrets de tous.

Plus de 3,000 obus furent tirés sur nous dans cette après-midi. Autour de nos pièces les pertes furent sensibles, les marins et les chasseurs eurent environ une trentaine des leurs hors de combat; nous eûmes la consolation de voir l'ennemi brûler tant de poudre et cracher tant de mitraille pour produire en somme un bien faible résultat.

Je n'en pourrai pas dire autant du sanglant combat de Villers-Bretonneux dont nous entendions l'effroyable vacarme et même le crépitement de la fusillade. A notre gauche, les feux de peloton s'étendaient de Villers à Amiens sur une ligne de bataille de plus de trois lieues, et les 18,000 Français qui défendaient ces positions, tinrent bravement contre les forces au moins doubles de l'ennemi.

Le soir, le sort de la bataille était décidé. Sur notre gauche, à Villers et à Boves, l'ennemi avait emporté les positions non sans une héroïque résistance, mais aux tranchées d'Amiens l'ennemi n'avait rien tenté de sérieux et nous étions trop faibles pour essayer une sortie, aussi espérions-nous une continuation de la bataille pour le lendemain, toutefois avec de nouveaux renforts. Mais nous comptions sans la pénurie de munitions qui déjà faisaient défaut sur les cinq heures et avaient contraint nos batteries de ralentir leur feu.

A midi, lorsque nous étions arrivés dans les tranchées, un paysan, un panier au bras, traversa le fossé et s'avança, malgré nous, à travers champs; nous le suivîmes des yeux et nous le vîmes s'arrêter sur la route qu'il venait de rejoindre, à peut-être 1,000 mètres de nous, avec deux cavaliers ennemis qui descendirent de cheval pour entendre son rapport. On tira en vain sur le groupe.

Durant l'action, un jeune fourrier de chasseurs s'amusait à abattre successivement des tirailleurs ennemis qu'il indiquait à l'avance à un de nos capitaines : « Encore un de décalé ! » disait-il.

Aujourd'hui, sur le fossé de la route de Dury, on peut lire sur une petite croix : Ici repose X.., caporal-fourrier de chasseurs, tué le 27 novembre 1870.

Un trait du stoïcisme des marins :

Un obus éclate sur la batterie de la route et mitraille un des servants : « Tiens, dit un marin, le camarade qui se déploie en tirailleur. »

Quel résultat la France aurait-elle obtenu si elle n'avait eu que de pareils soldats.

Enfin, sur les six heures, le feu ayant cessé de part et d'autre, les 6e, 7e et 8e cies sont renvoyées au camp pour y prendre des vivres ; elles doivent revenir passer la nuit dans les tranchées, tandis que le reste du bataillon ira se reposer dans les baraques quelque peu éventrées par les obus.

Ces trois compagnies sont sous les ordres du capitaine d'Hauterive ; le lieutenant Quentin, avec la 6e doit aller placer des petits postes, de distance en distance, à 500 mètres en avant des tranchées, tandis que les deux autres compagnies veilleront derrière les ouvrages.

La 6e compagnie avait à peine dépassé de 200 mètres la tranchée de la route, qu'elle est arrêtée par le cri très-distinct de : *Qui vive !* Le lieutenant Quentin répond : *France, Mobile !*

La compagnie est de suite saluée d'une décharge qui, grâce à l'obscurité, ne lui atteintqu'un homme. Le lieutenant se voit obligé de se replier et de venir partager avec le reste du détachement le service de grand'gardes, qui s'étend sur une ligne de plus de deux kilomètres, de Saint-Fuscien à la route de Dury.

Les Prussiens ont leur extrême avant-poste au cimetière de Dury, à 400 mètres à peine des tranchées ; c'est de là qu'était parti le fameux *Qui vive !* qui avait failli coûter la vie à bien des mobiles.

28 novembre. A quatre heures du matin, nous entendons battre le rappel dans Amiens.

A cinq heures, on vient donner ordre aux trois compagnies de grand'garde de se replier sur le camp pour y prendre leurs effets et de là, suivre l'armée sur Arras et Doulens.

C'était donc une retraite ; nous eûmes le cœur bien gros à cette nouvelle ; mais tout-à-l'heure ce seront de grosses larmes qui couleront de nos yeux à la vue de la débâcle des premiers moments.

Les compagnies arrivent au camp qu'elles trouvent évacué par le reste du bataillon qui, déjà en route pour les tranchées, avait reçu l'ordre de se replier sur la ville.

Au milieu du pêle-mêle des différents corps qu'il rencontre dès les premières rues d'Amiens, le bataillon ne se fraye que difficilement passage. On suit d'abord les boulevards. Allions-nous être embarqués ? Chacun l'espérait sans y croire. Mais nous avons bientôt dépassé la gare, occupée par une compagnie de francs-tireurs, et nous nous dirigeons vers la citadelle. C'est là que commence le désordre. Au milieu de nos rangs, encore presque partout conservés, grâce à l'énergie de nos officiers, se précipitent les régiments d'infanterie de toute arme, puis, au grand galop de ses chevaux, l'artillerie bientôt suivie des gendarmes.

Tout cela fuyait au triple galop, sans faire attention aux fantassins. Et sur le pont de la Somme, quelle cohue! Des canons, des cavaliers, des caissons, tous pêle-mêle! Quittant la route, notre bataillon monte par les glacis de la citadelle qui doit, avec son artillerie et sa faible garnison, protéger notre retraite.

Parvenus à la route d'Arras par Pas, nos compagnies laissées la veille de grand'garde, nous rejoignent.

Elles étaient descendues en ville, et, arrivées à la barricade du faubourg de Beauvais, elles entendent un feu très-vif de mousqueterie. — Elles croient à l'entrée subite de l'ennemi aux prises avec des soldats surpris dans leur retraite.

Beaucoup de mobiles épuisés et las de leur misérable vie pensent avec joie à cette belle occasion de mourir pour mettre un terme à leurs misères; ils descendent rapidement la rue et sont vite détrompés.

Le boulevard regorge de gardes nationaux effarés déchargeant en l'air leurs armes désormais inutiles, les brisant ou les jetant sur la voie du chemin de fer qui longe la chaussée.

Quel affreux spectacle! Quel souvenir ineffaçable!

A part quelques hommes débandés, ces trois compagnies se joignent au bataillon et suivent la retraite qui commence à s'opérer en meilleur ordre.

Nous marchons aussi harassés que démoralisés jusqu'au-delà de Pas, à Gaudiempré, où nous couchons.

Notre bataillon, malgré une étape aussi harassante, est presque au complet.

29 novembre. Le lendemain, 29 novembre, nous entrons dans Arras à 2 heures de l'après-midi.

Nous attendons longtemps sur la place d'armes une distribution de vivres, espérant devoir rester dans cette ville, qui regorge déjà de troupes arrivées depuis le matin. Enfin à 4 heures l'ordre arrive de se remettre en marche pour nos cantonnements respectifs : Anzin-St-Aubin, Fampoux et Roclincourt. Après cette double journée de marche nous étions littéralement accablés.

Nous restons plusieurs jours dans ces divers pays; l'hiver nous a suivi, une neige, une gelée persistantes commencent à rendre notre existence de plus en plus insupportable.

2 décembre. Le 2 décembre, nous quittons nos cantonnements pour aller à Carvin, puis un contre-ordre nous fait gagner Meurchin, qui doit être le plus sale pays du nord.

Après y avoir passé la nuit nous repartons pour Harnes où nous devrons séjourner plus longtemps.

Deux jours après notre arrivée, trois compagnies sont détachées à Annay, distant de 6 kilomètres.

XI.

Constitution définitive de l'armée du Nord.

Dès le début de notre séjour à Harnes on s'occupe de reformer l'effectif des compagnies réduites par les fatigues depuis notre sortie du camp de Dury et de parfaire notre équipement toujours incomplet.

Notre éducation militaire est continuée et chaque jour nous affrontons les difficultés de nouveaux mouvements.

Le 6 décembre, nous faisons chanter dans l'église de Harnes un service militaire pour notre pauvre et regretté Mirambeau.

Chaque jour des mobiles du bataillon, que l'invasion de l'ennemi a surpris dans Amiens, nous rejoignent. — Nous sommes enfin reconstitués et prêts à reprendre la campagne.

Jusqu'à l'époque où nous en sommes, l'armée du Nord n'avait été que la réunion de quelques régiments ou bataillons commandés en dernier lieu par le général Bourbaki et des généraux de brigade.

Nommé par un décret du 18 novembre au commandement du 22e corps en cours de formation, le général de division Faidherbe fait publier, le 3 décembre, un ordre du jour où, excitant la valeur morale de ses troupes, il leur recommande tout spécialement les vertus militaires indispensables à la formation d'une armée et à une organisation solide et profitable. — « La discipline, je l'exigerai impitoyablement (1). »

Nous sommes versés dans la 2e brigade de la 2e division du 22e corps qui forma seul, pendant quelques semaines, l'armée du nord.

A la même époque est mise à exécution la décision de M. Testelin, commissaire du gouvernement, relativement à la nomination des officiers à l'élection (2). — Le 7 décembre, à l'appel d'une heure, le rapport nous communique cet ordre et immédiatement nous procédons à l'élection dans l'église de Harnes. La neige qui tombe à gros flocons nous contraint de transformer ce temple en salle de vote.

7 décembre.

Les marmites et les grandes gamelles de campement remplacent les boîtes de scrutin et sans entente préalable, à 3 heures, sept nouveaux noms sortent des urnes et donnent à des sous-officiers les grades d'officiers absents ou supprimés.

(1) Faidherbe. — Ordre du jour du 3 décembre.

(2) La manière dont s'étaient conduits un certain nombre d'officiers de mobiles nommés sous l'Empire engagea le commissaire de la défense dans la région du Nord et le général en chef à faire procéder, conformément à la nouvelle loi, à l'élection des officiers de la garde mobile. Cette opération, faite avec beaucoup de précipitation et en face de l'ennemi, produisit de bons résultats dans certains corps et de mauvais dans d'autres. Quelques bons officiers qui n'avaient pas été réélus, précisément parce qu'ils prenaient le service au sérieux, furent nommés adjudants-majors. On fut bientôt obligé de révoquer un certain nombre des nouveaux élus; on les remplaça par des officiers de l'armée et les choses marchèrent assez bien. (Faidherbe, note F., p. 86.)

M. Blancou, qui nous a rendu d'abord comme sergent-major, puis comme adjudant, de si grands services dans l'organisation du bataillon, est nommé capitaine à la 6e compagnie, en remplacement de M. Bussières, que son accident rend incapable de continuer son commandement ; M. le lieutenant Walther de la 7e, devient capitaine de la même compagnie, en remplacement de M. Dô, nommé, par décision du général en chef, commandant du 2e bataillon mixte du Gard.

Les officiers que le vote a dépouillés de leur grade, entrent dans les états-majors en formation ou avec leur ancien rang dans d'autres compagnies où les élections ont été annulées ou n'ont pas eu de résultat.

Le 9 Décembre, notre bataillon est fondu avec le 4e bataillon de la Somme (Doullens), en un régiment de marche. En même temps les hommes incapables de supporter les fatigues de la campagne, forment une compagnie de dépôt dirigée sur Bergue que devront bientôt aller rejoindre les hommes laissés dans les hôpitaux depuis notre départ de Reims. 9 décembre, Formation du 101e,

Nos 6e, 7e et 8e cies sont dirigées sur Lens où elles rejoignent deux compagnies de la Somme, avec lesquelles elles formeront le 2e bataillon qui part sous les ordres de M. Bouilly, son commandant, occuper Loos-sous-Lens.

Désormais, nous allons entrer dans une nouvelle phase ; la vie de régiment sera substituée à celle de bataillon.

Voici le tableau de notre nouvelle organisation en 3 bataillons de chacun 5 compagnies :

101ᵉ DE MARCHE.

RÉGIMENT DE SOMME ET MARNE.

Lieutenant-Colonel, commandant le Régiment :
M. H. DE BROUARD,
capitaine d'Infanterie de ligne, échappé de Metz.

1er Bataillon.	Commandant, M. HURÉ. — Adjudant-Major, M. le lieutenant LEVASSEUR, bientôt après promu au grade de capitaine.
2e Bataillon.	Commandant, M. BOUILLY, lieutenant au 1er de ligne, blessé à Gravelotte et échappé de Metz. — Adjudant-Major, M. DESGOVES (de la Somme) ; avec 2 Cies du bataillon de la Somme, et les 6e, 7e et 8e Cies de notre bataillon, devenues 3e, 4e et 5e Cies.
3e Bataillon.	Commandant. M. DE BREUIL. — Adjudant-Major, M. le lieutenant QUENTIN, promu par la suite au grade de capitaine, avec les 1re, 2e, 3e, 4e et 5e Cies de notre bataillon.

A chaque bataillon sont adjoints des Aides-Major.

11 décembre. Le 11, nous quittons par une neige épaisse, qui ne cesse de tomber depuis plusieurs jours, nos cantonnements pour une revue du régiment que le général Paulze d'Ivoy doit passer à Lens.

Le général présente devant le front des troupes notre nouveau colonel qui, à son tour, nous fait reconnaître le commandant Bouilly, comme chef du 2e bataillon.

Le colonel de Brouard fait former le carré par bataillon, et nous donne, d'une voix énergique, lecture de la loi martiale, il termine par quelques paroles pleines d'entrain et de patriotisme où il nous trace dans l'accent le plus militaire nos devoirs pour l'avenir.

Cette première entrevue nous laisse la meilleure impression de notre nouveau chef. Sa jeunesse, son air martial, son œil vif, presque dur, tout en lui indique un officier d'une rare énergie et lui attache irrésistiblement nos sympathies.

L'armée du Nord est donc enfin presque constituée. De trois brigades dont elle se composait à la bataille d'Amiens, elle était, grâce aux patriotiques efforts du général Faidherbe, portée à trois divisions qui reprirent de suite la campagne. Ces troupes comprenaient près de 30,000 combattants et avaient avec elles 60 bouches à feu.

Nous devenions avec le 91e de marche et le 1er chasseurs, la 2e brigade de la 2e division du 22e corps.

Le général Faidherbe était à la tête du 22e corps dont le général Paulze d'Ivoy commandait la 2e division; notre 2e brigade était sous les ordres du lieutenant-colonel de Gislin, faisant fonctions de général de brigade.

XII.

Premiers mouvements de l'armée du Nord. — Péronne. — Saint-Gratien. — Frechancourt. — La Houssoye.

12 décembre. De minuit à trois heures du matin, nos trois bataillons quittent Lens par trois trains qui nous débarquent à Achiet-le-Grand, la ligne étant coupée à quelques kilomètres de cette gare.

Le régiment se met en marche à cinq heures du matin pour Péronne, en passant par Bapaume.

La température a subitement changé, toute la matinée un verglas épais ne cesse de tomber, et c'est avec beaucoup de peine que nous pouvons avancer. Au verglas succède un dégel épouvantable qui est peu fait pour nous aider dans notre marche.

Vers quatre heures de l'après-midi nous arrivons à Péronne, qui est encombrée de troupes ; le 3e bataillon va occuper Doingt et le 2e, Mesnil-Bruntel.

Nous ne passons que la nuit dans ces cantonnements où on renforce nos grand'gardes, des reconnaissances ennemies s'étant aventurées, dit-on, dans les environs.

13 décembre. Le lendemain, 13 Décembre, nous nous dirigeons,

par Athies et Sainte-Croix, vers Ham, qui vient d'être repris, presque sans coup férir, aux Prussiens, et nous venons coucher à Quivières et à Guizaucourt.

Malgré le bon cœur et le patriotisme des habitants, nous sommes assez malheureux dans ces villages, où il y a à peine 3 et 400 habitants et où nous sommes près de 2,000.

Dans une seule sucrerie de Guizaucourt, nous avons 231 hommes et 4 officiers.

Le 15 Décembre, nous quittons sans regret ces 15 décembre.
cantonnements pour rejoindre notre division. A Chaulnes, les trois bataillons se retrouvent ; le 2e bataillon couche à Omiécourt, le 3e à Hiencourt. A Omiécourt, notre passage est marqué par un fatal accident.

La 4e compagnie du 2e bon étant de grand'garde, un soldat en sentinelle avancée, après les trois qui-vive réglementaires, décharge son arme sur un camarade de la compagnie, revenant une botte de paille sur le dos. — Le soldat est atteint dans le ventre et meurt le lendemain après le départ de la colonne.

Le 16, nous allons coucher à Guillaucourt. Là, 16 décembre
notre régiment voit pour la première fois siéger sa cour martiale pour juger un mobile accusé d'insulte envers un caporal et de refus de service en étant de grand'garde.

Il est acquitté ; il n'avait que cette chance ou celle d'être fusillé.

Peut-être lira-t-on avec intérêt l'extrait suivant d'une lettre d'un de nos amis, juge dans cette affaire.

. . . .

« Nous arrivons à Guillaucourt et nous nous arrêtons sous les arbres de la place du village, formés en colonnes serrées par compagnie.

» Le lieutenant colonel donne ordre, par suite du rapport du capitaine demandeur, de désarmer le coupable et de le mener sous bonne escorte au poste de la grand'garde, en attendant sa comparution devant la cour martiale.

» Les officiers et sous-officiers désignés depuis quelques jours déjà pour en faire partie, et dont les fonctions devaient durer quinze jours, pour être renouvelées après ce délai, sont prévenus d'avoir à se réunir pour siéger, à cinq heures du soir, dans le local qu'ils auront choisi.

» Vous savez que j'ai le malheur de faire partie de ce tribunal terrible, et vous n'ignorez pas que, devant la sévérité inflexible de cette loi, ce n'est pas sans émotion que j'ai dans la main, à mon âge et avec mon peu d'expérience, la vie d'un compagnon d'armes.

» Nous sommes un peu tous dans les mêmes dispositions d'esprit. Avant d'aller plus loin, peut-être ferai-je bien de vous expliquer en deux mots la différence qu'il y a entre un conseil de guerre et une cour martiale ; elle est toute simple et rend aux juges de la dernière la tâche bien plus expéditive.

» La loi martiale, que des circonstances exceptionnelles mettent seules en vigueur, n'accorde pas de circonstances atténuantes ; le plus faible délit, du moment où il est soumis à cette juridiction suprême, entraîne la peine de mort sans rémission et sans appel. L'accusé n'a que l'alternative d'être fusillé ou d'être acquitté.

» Presque toujours, l'homme acquitté est puni par le général de quinze jours ou un mois de prison ; mais la cour martiale n'a pas de peine intermédiaire à prononcer.

» Notre président, le plus ancien capitaine, choisit, pour salle de réunion, la maison d'école où nous nous réunissons en tenue et en armes à l'heure convenue. Je cherche en vain à être récusé, car ma position d'officier de la compagnie du coupable m'est un titre à cette grâce. On me répond qu'on n'y regarde pas de si près ; mes cheveux se dressent malgré moi sur ma tête.

» La salle d'école de Guillaucourt est aussi rustique que possible : à un des angles du fond est adossée la chaire du maître faisant face à la porte d'entrée et, devant elle, à sa gauche, six ou huit tables tachées d'encre où sont gravés les noms des écoliers. Quelques cartes et des tableaux d'alphabet ornent les murs, un poële, simple comme les poëles d'écoles, chauffe la salle et fait courir ses tuyaux tout le long du plafond.

» Les deux capitaines prennent place dans la chaire, à laquelle je m'accoude avec le sergent qui nous est adjoint comme juge. Le sergent-major greffier s'installe à une des tables de l'école. Deux bayonnettes introduisent l'accusé tout affaissé sous ses larmes et son repentir. Le public, tous soldats, entre derrière lui dans le tribunal, qui serait plaisant s'il n'était si terrible.

» Le président donne lecture du décret instituant la loi martiale. Cette lecture, si sérieuse cette fois, consterne tous les assistants, et, sans mon sabre sur lequel je trouve un appui solide, je sens que mes jambes me feraient défaut, car c'est une terrible responsabilité que celle de juge dans un pareil moment.

» Le greffier lit le rapport du capitaine de la compagnie à laquelle appartient l'accusé.

» Sa faute est, étant la veille de grand'garde à Omiécourt, d'avoir répondu grossièrement au caporal de pose qui, à une heure du matin, lui intimait l'ordre de se lever de la paille où il reposait avec les autres mobiles de la grand'garde, pour prendre son tour de sentinelle.

» On entend ensuite le capitaine qui atténue beaucoup son rapport en émettant quelques doutes sur la tenue du caporal que l'accusé a pu ne pas reconnaître à cause d'un manteau cachant les insignes de son grade, puis le caporal est interrogé; après lui les témoins à charge et les témoins à décharge présents, que l'accusé réclame.

» On interroge ensuite l'accusé qui interrompt difficilement ses sanglots pour défendre sa tête qu'une inconséquence a mise en jeu.

» Le président résume en quelques mots les débats sommaires, car la loi est formelle; « il n'y aura dit-» elle, pas de plaidoirie pour ni contre, et les té-» moins présents, de l'accusation ou de la défense, » seront seuls entendus. »

» Alors le moment terrible pour les juges est arrivé, le président donne ordre d'emmener l'accusé, le public est aussi invité à sortir. Après avoir discuté entre nous le pour et le contre, le président nous fait, en commençant par le moins élevé en grade, la question réglementaire : « Au nom de la patrie en » danger, le nommé X... est-il coupable d'insulte » envers son supérieur ?

» Le sergent au milieu de notre anxiété répond avec conviction : *Non*. La même question m'est posée et ensuite aux deux capitaines qui répondent de même : *Non*.

» Nos poitrines se soulèvent alors avec bonheur ! Quelle joie d'acquitter un si léger coupable pourtant si menacé; pendant ce temps, l'accusé gardé à vue est devant la porte, en plein air, entouré de ses camarades qui cherchent à relever son courage abattu.

» On fait rentrer l'accusé et l'assistance, l'anxiété est peinte sur tous les visages, et tous les yeux se fixent sur nous, pour lire sur nos figures notre décision.

» Nous avons bien de la peine à tenir notre dignité et le bonheur nous illumine trop pour cacher la sentence qui va être rendue.

» Alors le président donne lecture de l'acquittement du prévenu que ses amis emportent presque en triomphe.

» Quelle bonne nuit j'ai passé après cette épreuve redoutable et comme je compte les jours qui me restent à siéger, au cas où un pareil tribunal aurait encore à se réunir......... »

Le 17 décembre à six heures du matin, nous quittons nos cantonnements ; toujours par le dégel et la pluie, nous traversons Lamotte-en-Santerre, Corbie 17 décembre et Querrieux, et nous allons coucher à St-Gratien à trois lieues d'Amiens. L'encombrement dans ce petit village et la ladrerie crasse des habitants nous y rendent la vie atroce. — Notre colonel se casse malheureusement le bras en venant visiter ses troupes, il doit nous quitter pour quelque temps et laisse le commandement du régiment à M. Huré du 1er bataillon.

19 décembre. Le 19, le 2e bataillon descend dans la soirée à Fréchencourt où il trouve le 1er bataillon déjà installé, et où il est aussi mal qu'à St-Gratien. — La gelée reprend le dessus et nous rend très-dur le service des grand'gardes, qui, depuis notre nouvelle formation, nous incombe tous les cinq jours.

Le 20, deux officiers de la 4e du 2e et la moitié de la compagnie, avec des volontaires du bataillon partent à midi en reconnaissance sous les ordres du commandant Bouilly, ils sont arrêtés presque à la sortie du village par une colonne de 3,000 Prussiens en reconnaissance auxquels le 17e chasseurs, cantonné à Querrieux, et des francs-tireurs, tirés de nos bataillons et que nous appellerons de leur vrai nom d'éclaireurs mobiles, font subir des pertes sensibles ; l'ennemi se replie en désordre sur Amiens.

Les trois bataillons prennent vivement les armes à cette alerte, mais n'ont pas à tirer un seul coup de fusil.

Le 21, le 3e bataillon reçoit l'ordre d'évacuer St-Gratien pour se rapprocher du reste du régiment vers la Houssoye.

22 décembre. Le 22, nous restons sur le qui-vive. — Nous sen-

tons que cet état ne peut durer et que nous devrons tâcher de livrer bataille pour reprendre Amiens que nous pouvons voir de nos cantonnements et surtout dans les reconnaissances que nous poussons aux environs de cette ville.

XIII.

Bataille de Pont-Noyelles.

Avant de parler de la part que nous prîmes à la bataille de Pont-Noyelles, je crois utile d'emprunter au général Faidherbe (1) son rapport sur son mouvement vers Amiens, sa concentration, les positions qu'il occupe et la composition définitive de son armée.

En approchant d'Amiens, on apprit d'une manière certaine que le mouvement sur le Hâvre était arrêté, que Dieppe était évacué et que des rassemblements de troupes s'opéraient vers Montdidier et Breteuil. Le général Manteuffel abandonnait, au moins momentanément, ses projets sur le littoral pour venir à nous. En cet état de choses, l'armée du Nord devait avoir affaire à des forces supérieures et tous nos soins devaient être employés à la renforcer et à lui choisir une bonne position de combat, présentant des ressources suffisantes pour l'abriter dans une saison extrêmement rigoureuse, tout en assurant ses approvisionnements. Il fallait tenir compte d'ailleurs de la possession de la citadelle par l'ennemi. La garnison prussienne avait évacué Amiens à l'approche de l'armée française, mais son chef, en partant, avait déclaré que l'entrée de troupes françaises dans la ville serait le signal d'un bombardement à outrance, par le commandant de la citadelle. Celui-ci avait même commencé la réalisation de cette menace : parce que,

(1) Faidherbe. — *Campagne du Nord*. p. 34, 35 et 36.

accompagné seulement du général Farre, le général en chef était allé examiner les dehors de la ville des hauteurs du faubourg de Noyon, quelques malheureux bourgeois inoffensifs avaient été tués et blessés dans l'après-midi de cette journée aux abords de la citadelle ; on avait même tiré sur les voitures publiques.

L'armée française s'établit sur la rive droite de la Somme, présentant une série de hauteurs dominantes par rapport à la rive gauche. On était ainsi parfaitement couvert vers le sud par la rivière et le canal avec de vastes marécages, très-difficiles à traverser. Tous les ponts avaient été coupés. On adopta pour ligne de bataille faisant face à la citadelle, seul point de passage laissé à l'ennemi, la vallée de l'Hallue, où se trouvaient les villages de Daours, Bussy, Querrieux, Pont-Noyelles, Bavelincourt, Béhencourt, Vadencourt et Contay. La majeure partie des troupes y fut cantonnée ; le surplus occupait, le long du chemin de fer, la ville de Corbie, où s'établit le quartier-général et les villages environnants.

En même temps, on fit compléter et renforcer les divers corps. De plus, on appela à l'armée une division de mobilisés. Le général Faidherbe se trouva ainsi à la tête de quatre divisions bien complètes, comptant chacune deux brigades. Pour les trois premières divisions, chaque brigade comprenait quatre bataillons de troupe et trois bataillons de garde mobile. La 4e division seule ne contenait que des gardes nationales mobilisées. Le nombre des canons fut porté à soixante-dix-huit, dont douze pièces de montagne.

Un projet d'organisation de l'armée en deux corps fut alors soumis au gouvernement, qui l'approuva, et la formation du 23e corps d'armée fut décrétée. Les colonels Derroja et du Bessol furent nommés généraux de brigade pour commander des divisions. Les généraux Paulze d'Ivoy et Lecointe furent nommés généraux de division pour commander les 23e et 22e corps d'armée, et le général Farre fut promu au même grade pour remplir les fonctions de major-général de l'armée du Nord, dont le général Faidherbe était nommé commandant en chef. Le lieutenant-colonel de Villenoisy fut promu au grade de colonel et adjoint au major-général.

Le 22e corps, général Lecointe, comprenant deux divisions et six batteries, fut établi de Daours à Contay, le long de l'Hallue.

Quant au 23e corps, général Paulze d'Ivoy, la 1re division, amiral Moulac, renfermant les fusiliers marins, occupait Corbie et les environs avec trois batteries et les deux batteries de réserve. La 2e division, mobilisés du général Robin, dont les deux brigades étaient commandées par les colonels Brusley et Amos, occupait en seconde ligne les villages au sud-ouest d'Albert, gardant la voie ferrée et détachant un régiment à Bray pour garder le cours de la Somme entre Péronne et Corbie.

Les positions de combat furent soigneusement indiquées à l'avance à chaque corps. La 1re division (Moulac) du 23e corps devait occuper, à l'extrême gauche vers la Somme, les hauteurs dominant Daours et Bussy, puis venait la 2e division du 22e corps faisant face à Pont-Noyelles, Querrieux et Fréchencourt, et enfin la droite de la position jusqu'à Contay était défendue par la 1re division de ce même corps, appuyée par la division Robin des Mobilisés, qui était en face de Béhencourt. D'après les instructions du général en chef, les villages au fond de la vallée ne devaient être défendus que peu de temps par les tirailleurs. Les efforts devaient se porter sur la défense des positions en arrière, sauf à reprendre les villages quand l'ennemi aurait été repoussé des hauteurs qu'on supposait devoir être sérieusement attaquées par lui.

23 décembre. Bataille de Pont-Noyelles

Le 23 décembre nous désespérions presque d'une attaque et il faut bien le dire, avec notre ignorance des choses du métier nous déplorions de rester inactifs devant l'espoir fou que nous caressions tous de reprendre Amiens, sans nous inquiéter de sa citadelle tombée aux mains de l'ennemi après une résistance de plusieurs jours, et qui devait nous rendre inutile la reprise de la place quelque facile qu'elle eut été.

Le 23 décembre dis-je, vers onze heures le son de la marche du régiment, se mêlant à la voix imposante du canon, nous fait prendre vivement les armes.

Nous sommes peut-être une heure et demie à attendre des ordres qui ne viennent pas. Un sergent est dans le clocher du village et transmet à M. le commandant

Huré, notre colonel par intérim, des renseignements sur les positions de l'ennemi dont le canon tonne de plus en plus se mêlant au nôtre qui lui répond des hauteurs en arrière de Pont-Noyelles, Nous entendons aussi très-distinctement et à peine à un kilomètre de nous, des feux de peloton et de tirailleurs.

La grand'garde du 1er bataillon abat à grand enfort de bras, des arbres pour barrer la route de l'ennemi pour le cas où nous aurions à abandonner le village, et où il tenterait de nous tourner derrière Pont-Noyelles ; une compagnie du génie c nt les seconder dans ce travail.

Enfin le colonel reçoit l'ordre d'aller occuper en hâte Querrieux, avec les deux premiers bataillons, mais ce poste sans importance du reste, déjà abandonné par le 1er chasseurs, est tombé au pouvoir de l'ennemi ; nous devons donc aller prendre position sur la crête d'une colline boisée entre Fréchencourt et la Houssoye où nous retrouvons le 3me bataillon qui a quitté aux premiers coups de feu ce dernier pays et est venu nous attendre à mi-chemin.

De là nous dominons presque le champ de bataille, du moins nous voyons les Prussiens établir leurs batteries et leurs masses d'infanterie descendre des hauteurs.

Nous les perdons de vue dans la vallée où sont situés Querrieux et Pont-Noyelles, qui devaient payer si cher le triste honneur de donner leurs noms à cette journée.

De Daours à Contay sur une ligne courbe de plusieurs lieues ce n'est bientôt qu'un effroyable et grandiose vacarme de canons vomissant la mort mêlé au bruit rauque et saccadé de la fusillade.

Devant nous, trois pièces de 4 attendent impatiemment l'ordre de commencer le feu. Pendant ce temps, nos chefs de bataillon réunissent leurs officiers et leur rappellent leurs devoirs devant l'ennemi. On communique le rapport aux hommes qui, pleins d'impatience, regardent ébahis le premier champ de bataille qu'ils voyaient de leur vie et d'où beaucoup d'entre eux ne devaient pas revenir.

L'émotion était forte chez tous, cependant aucun de nous ne semblait avoir peur, chacun au contraire, confiant dans sa bonne étoile, brûlait du désir de se mêler à l'action.

Enfin à trois heures, le commandant Huré donne l'ordre de marcher en avant par un oblique à gauche, jusqu'à ce que le 1er bataillon ait sa 5e compagnie appuyée à la grande route d'Amiens à Albert, et nous continuons à avancer en ligne de bataille.

Bientôt le 3e bataillon s'arrête pour protéger la batterie qui tout à l'heure était devant nous, et qui commence vaillamment son feu meurtrier sur les masses ennemies, où nous pouvons alors voir se former des vides qui se comblent aussitôt.

Le 1er bataillon continue à marcher dans la direction de Pont, et se trouve bientôt en entier sur la grande route, le 2e bataillon descend sous le feu de la batterie du bois de Fréchencourt au chant de la *Marseillaise*, jusqu'à un marais boisé qu'il doit chercher à enlever à l'ennemi caché derrière chaque arbre et massé contre les premières maisons de Pont, à la gauche du marais.

Les deux premières compagnies sont lancées dans le bois et les trois dernières viennent s'acculer aux premiers arbres.

A ce moment le bataillon est en pleine action, quelques coups de feu venant de la route où le 1er bataillon est aux prises avec l'ennemi, nous fait craindre un mouvement tournant et vient jeter la panique dans les rangs.

Le commandant Bouilly, malgré ses héroiques efforts pour maintenir sa position, se voit contraint de reculer un peu en arrière pour nous reformer dans un chemin creux ; l'attaque du marais est reconnue impossible et, après avoir tiraillé pendant quelque temps, nous regagnons la hauteur emportant nos blessés.

Telle fut la première partie de la journée, notre attaque n'ayant pas réussi, un nouvel ordre nous dirige sur la gauche pour protéger la retraite d'une de nos batteries en partie démontée par le feu terrible de l'ennemi, qui ne pouvant tirer avec succès sur notre infanterie déployée en tirailleurs, s'acharne impitoyablement sur nos canons.

Le 3e bataillon, que nous avons laissé en avant des trois pièces de la colline boisée de Fréchencourt, a lancé deux compagnies en tirailleurs qui empêchent l'ennemi de poursuivre le 2e bataillon et lui permettent de reprendre son ordre de bataille. — La fusillade et la mitraille pleuvent à ce moment sur les tirailleurs et la réserve du bataillon de Breuil qui tiennent bon.

Le 2e bataillon protégé par les tirailleurs de sa 5e compagnie, arrive sur l'autre colline au-delà de la route.

Le sergent-major Szmigielski, de la compagnie de tirailleurs, voit accourir à lui un officier de chasseurs qui lui demande du secours pour sauver deux pièces démontées que protégent une vingtaine d'hommes et sur lesquelles l'ennemi s'avance en force au son monotone de ses tambours battant la charge.

Ce brave sergent-major, n'écoutant que son courage, ne craint pas d'enfreindre la consigne pour concourir à une action d'éclat, il part entraînant avec lui une demi-section. — Arrivé aux canons, il y fait atteler une partie de ses hommes, et les fait déguerpir au plus vite, tandis qu'avec les autres, sous une pluie de balles, il fait le coup de feu auprès des chasseurs. Bientôt, les pièces étant hors de danger, il se replie lentement sur sa compagnie, laissant le capitaine d'artillerie, auquel on vient de remettre les canons, dans l'ignorance du nom de celui auquel il doit un si glorieux sauvetage (1).

Le bataillon de Breuil nous suit dans notre mouvement et revient presque à son ancienne position.

La nuit descend rapidement, quand tout à coup une fusillade bien nourrie éclate sur sa droite, pour cesser bientôt, l'ennemi étant refoulé. A ce moment on ne voit plus que la lumière des feux de pe-

(1) Nous apprenons que cette action d'éclat vient enfin d'avoir une tardive récompense : un décret en date du 20 novembre, décerne la médaille militaire à Szmigielski, adjudant au 2e bataillon du 101e.

lotons qui illuminent l'horizon du côté de Pont-Noyelles et de Querrieux, et la lueur sinistre des incendies allumés et activés par nos ennemis dans les villages qu'ils occupent.

Il se replie alors en colonne vers la Houssoye, et stationne longtemps sur la route en avant du village, attendant un ordre qui l'envoie se former sur la gauche en vue de Pont-Noyelles. Après deux ou trois contre-marches dans les terres jonchées d'armes et de débris, il vient prendre ses positions de bivouac.

Pendant ces mouvements du 3e bataillon, le bataillon Bouilly opère sous le feu des batteries ennemies, quelques manœuvres sans importance, quand vers cinq heures, la nuit commençant à tomber, le général du Bessol arrive au galop de son cheval vers le commandant Bouilly : Quel est ce bataillon? dit-il, d'une voix qui cherche à dominer le bruit de la fusillade, très-intense en ce moment. » — « 2e de Somme et Marne, mon général. » — « Allons, mes Champenois, à la bayonnette, enlevez-moi ce village (1) ; les marins y entrent d'un autre côté. En avant ! mes amis, vive la France. »

Les cris : en avant, vive la France! sortent de toutes les poitrines, en marchant, chacun assure sa bayonnette au canon de son fusil déjà tout noir de poudre. — On chante, on est ivre d'enthousiasme ; la charge est sonnée par nos clairons, d'abord lente puis plus rapide.

Nos chants troublent seuls, avec le crépitement

(1) Pont-Noyelles.

de la fusillade, le silence de la nuit, car la grande voix du canon s'est tue avec la fin du jour. Nous marchons ainsi 600, 800 mètres sans rencontrer d'obstacle. — Nous arrivons à notre but, nous sommes à 100 pas à peine du village, quand tout-à-coup l'ennemi, embusqué dans un chemin creux et qui suit notre marche à la lueur des incendies, nous surprend par une formidable décharge. Heureusement la pente est très-rapide, cette volée de mitraille passe au-dessus de nous.

On s'arrête hésitant ; on se jette à terre ; la fusillade redouble, les balles sifflent avec rage au-dessus des têtes, ce bruit effroyable couvre tout : les cris des blessés, les commandements des chefs qui excitent leurs soldats.

Nous restons dans cette terrible position dix minutes ; dix siècles. Un bataillon de chasseurs arrive pour nous soutenir, il ne peut, hélas ! que protéger notre retraite. Nous nous relevons ; impossible de tenir, il nous faut reculer.

Nous traversons alors un champ de bataille dans toute son horreur, l'ennemi nous poursuit et continue sur nous son feu meurtrier. Nous retrouvons des amis blessés que leurs camarades chargent, malgré les balles, sur les épaules pour leur épargner les horreurs de la captivité. Dévouements inconnus qui surgissent instinctivement dans ces moments terribles.

Nous enjambons des cadavres, des blessés prussiens et français, ils demandent du secours, nous ne pouvons pour eux qu'éviter de leur marcher sur le corps ; les cœurs s'endurcissent vite au métier de la guerre.

Aujourd'hui le souvenir de ces horreurs nous glace bien plus qu'alors nous frappait leur réalité.

Nous nous reformons tant bien que mal dans notre retraite et gagnons la crête du plateau. C'est alors seulement que nous pouvons nous compter !

Une cinquantaine des nôtres manquent à l'appel. Bientôt après nous recevons l'ordre de bivouaquer pour la nuit sur nos positions.

Les trois bataillons s'étendent sur une même ligne, protégés par leurs compagnies de grand'-gardes déployées en tirailleurs à quelques centaines de mètres en avant.

Il fait tout à fait nuit et le froid atteint 7 à 8 degrés au-dessous de zéro, nous sommes sans bois pour faire du feu, sans eau pour boire et avec du pain et du biscuit gelés pour tout aliment.

De petites corvées envoyées au village de la Houssoye rapportent avec les voitures de vivres des fagots et des bottes de pavots, on nous autorise à faire des feux autour desquels nous nous blottissons de notre mieux. — Il est 11 heures du soir alors.

La terre se détrempe vite autour des brasiers, nos pieds sont dans la boue, nos figures, nos jambes et nos poitrines rôtissent tandis que nos dos sont gelés, malgré les couvertures dont on s'est couvert.

Cette nuit a été certainement pour nous la plus atroce de notre vie de soldats : devant nos yeux, Querrieux et Pont-Noyelles en flammes, au loin sur notre gauche la lueur des incendies d'autres vil lages — le passage des brancards transportant des blessés dont le froid et la fièvre devaient avoir si vite raison — le souvenir de la journée, la mort que tous nous avions vu de si près, la perte pour plusieurs d'entre nous d'un ami dont on avait encore dans les oreilles les cris et les plaintes.

De temps en temps un coup de feu dans l'éloignement, ou une fusée de couleur filant dans le ciel noir lancée par l'ennemi arrivé à sa nouvelle position de bataille.

Chacun sommeillait épuisé une demie heure, puis était forcé de secouer son engourdissement, de se chauffer le dos et de se sécher les pieds.

On faisait griller au bout de sa bayonnette son pain ou son biscuit, où la dent mordait bien souvent dans de la glace. — Mais notre plus grande misère était le manque de boisson, le peu d'eau-de-vie des bidons fut bientôt vidé et on put souvent parcourir les feux des trois bataillons sans y trouver une goutte d'eau pour son gosier desséché par le froid.

Les plus hardis vont au milieu des hommes de grand'garde ramasser sur les morts les chassepots et les cartouches. — D'autres rapportent des casques, des manteaux prussiens.

Dans cette nuit terrible nous eûmes la vive douleur d'être obligé de nous séparer de notre brave chef du 2e bataillon, M. Bouilly, qui avait reçu dans la journée deux balles mortes et que le froid de la nuit fit tomber en faiblesse. Sa blessure de Gravelotte s'étant rouverte, il dut entrer à l'hôpital et fut aussi malheureux que nous de ne pouvoir continuer la campagne ; il ne nous rejoignit qu'à Cambrai quelques jours après St-Quentin.

Au petit jour, on fait éteindre les quelques feux dont les provisions ne sont pas encore épuisées. Chacun se tire les membres et le régiment se forme en bataille pour un appel sommaire. 24 décembre.

La 4e compagnie du 2e bataillon et, une heure environ après, la 5e du 3e s'avancent en tirailleurs jusqu'à 200 mètres de Pont-Noyelles que les Prussiens occupaient, et furent ce matin là les seules engagées.

Ces deux compagnies, forcées de se tenir à plat ventre sur les pentes encombrées de morts et de débris de la veille, avaient affaire à un ennemi caché dans les maisons crénelées par lui ou derrière des meules de paille que les obus avaient épargné. Ils échangèrent un feu assez vif de tirailleurs et tinrent cette position, incommode et atroce à cause du froid, jusque vers midi et 2 heures. Leurs pertes furent ce matin là insignifiantes, décidément l'infanterie ennemie tirait mal ; nous pûmes du reste nous en convaincre dans le reste de notre campagne.

Le plus pénibble dans cette situation de tirailleurs, fut de se trouver au milieu de cadavres dans mille positions plus étranges les unes que les autres ; tous étaient gelés sur place, quelques-uns, genoux terre, semblaient prêts à tirer, d'autres s'étaient traînés assez loin sans doute pour trouver des secours et étaient morts en route d'épuisement ; des képis, des casques en grand nombre, des fusils, des carabines prussiennes, des chassepots que beaucoup d'entre nous échangèrent contre leurs tabatières et dont ils prirent les munitions dans les gibernes et les sacs des morts. Tout ce pêle-mêle, triste débris d'une bataille, jonchait au loin les champs couverts de givre.

Nous tirâmes plusieurs coups de feu sur un chasseur que nous ne reconnaissions pas dans l'éloignement et qui avait dû coucher le soir dans Pont. Il nous rejoignait, échappant par miracle aux ennemis et aussi à nos coups de feu maladroits.

Le régiment resta immobile et en bataille jusqu'à deux heures de l'après-midi.

De temps en temps, la cannonade tonnait à droite et à gauche, nous voyions distinctement la batterie de la veille, établie cette fois de l'autre côté du bois de Fréchencourt, tonner et lancer ses flocons de fumée au-delà d'un bois d'où nous voyions à l'horizon déboucher la route d'Amiens à Arras, par Cardonette et Beaucourt.

Sur cette route, la veille déjà, nous distinguions des masses noires d'ennemis qui tentaient de nous couper la retraite sur Albert pour rendre inutile notre succès de la veille.

Sur les dix heures, le brouillard étant tout-à-fait dissipé, nous pûmes distinguer à l'angle du bois de Mai près d'Allonville, les Prussiens sans doute occupés à faire la soupe ; ils étaient à deux kilomètres et demie de nous, mais masqués à nos batteries. Bientôt ils se mirent correctement en rang et nous pûmes les voir remonter sur Amiens en 7 ou 8 longues colonnes, avec la précision d'une manœuvre un jour de revue.

C'était sans doute une feinte pour nous engager à

reprendre la lutte que les fatigues de la veille et les misères de la nuit ne nous rendaient plus désirable comme à Dury.

Aussi fut-ce presque avec joie que nous reçûmes l'ordre de faire par le flanc et de suivre, à notre rang de brigade, l'armée qui allait prendre ses cantonnements sur la rive droite de la Scarpe, entre Arras et Douai.

XVI.

Nouveaux cantonnements de l'armée entre Arras et Douai. — Fresnes-les-Montauban. — Reconnaissance offensive. — 1er Janvier 1871.

Nous quittons donc le champ de bataille, laissant nos morts à l'ennemi. En traversant la Houssoye, nous voyons charger dans des omnibus nos blessés, auxquels on a fait à peine le premier pansement dans des maisons du village.

Pauvres compagnons d'armes, ils nous souriaient avec leurs lèvres pâles, nous saluaient de la main. Combien peu vivent aujourd'hui ! car le froid est mortel pour une blessure, et le voyage qu'ils durent faire par la bise et avec la fièvre, coûta la vie à un grand nombre.

Il fut donné à quelques-uns de nous de voir une de ces ambulances improvisées.

Dans une vaste salle carrelée sont étendus tout autour, sur de la paille, les amputés, à bout de cris, et dont le sang coule sur leur litière ; au centre une chaise remplace la table d'opération et reçoit, l'un après l'autre, les blessés qu'un médecin militaire *charcute* immédiatement. Ces malheureux, pansés à la hâte dans une salle à part, sont amenés par des ambulanciers et peuvent voir tout autour d'eux des camarades râlant sur la paille et les trousses étallées sur les dalles.

Quel frémissement! quelle barbarie!

O rois, vous qui jouez sur un coup de dés la vie de milliers de vos sujets, que ne venez-vous assister à ces horreurs !... Peut-être alors votre cœur de marbre serait-il ému d'un peu de pitié!

Quels remords doivent peupler vos songes, tyrans infâmes qui assujétissez vos trônes sur des monceaux de cadavres! — Si Dieu est juste, quel enfer que votre vie! quel supplice que votre gloire!

Nous arrivons, vers sept heures, à la Viéville, petit village encombré de troupes, et où nous devons nous loger, comme bien souvent déjà, à la force du poignet. Un bataillon de chasseurs, un régiment de ligne, nous y avaient devancés, et la Viéville a 200 habitants.

Beaucoup d'entre nous, après ces deux jours de jeûne, soupèrent encore ce soir là par cœur.

Le lendemain 25 Décembre, nous partons à huit heures du matin, nous traversons Senlis, Mailly, et nous allons passer la nuit à Ayettes. 25 décembre

Quelques fourriers et des officiers de détail envoyés à Albert pour chercher des vivres pour le régiment, trouvent la ville évacuée par les troupes françaises et ne peuvent la quitter qu'à grand peine ; l'arrière-garde, composée de quelques dragons auxquels l'ennemi est signalé dans les environs, leur barre la route.

Dans cette marche de la Viéville à Ayette, des éclaireurs Prussiens nous suivent de si près qu'ils ramassent deux ou trois traînards qui s'attardent dans les maisons qui bordent la route.

Le jour suivant, le 26, après une nuit passée dans les granges, mais un peu moins mauvaise, et un souper plus confortable (si ce mot n'est pas une profanation appliquée à la viande et au riz de l'état), nous partons avant le jour.

A peine avons-nous fait quelques kilomètres que le clairon sonne la halte. Nous formons nos faisceaux dans un vaste champ, vis-à-vis du village de Boiry-Ste-Rictrude, nous restons là quatre heures sans pouvoir quitter nos rangs. Deux ou trois retardataires qui ont enfreint la consigne pour entrer dans le village, doivent faire le coup de feu sur des cavaliers prussiens qui y arrivent derrière nous, — l'un d'eux cache ses armes et nous rejoint sous un déguisement. Le coupable de cette lâcheté passa quelque temps après devant la cour martiale.

Nous traversons Arras de notre pas le plus accéléré ; nous espérons y séjourner et nous y refaire un peu de nos fatigues, mais il nous faut pousser jusqu'à Neuville-St-Vaast.

La neige a plusieurs pieds d'épaisseur, et les granges sont bien froides, en revanche on nous fait un assez bon accueil.

Le 27, à quatre heures et demie du soir, la marche du régiment nous fait reprendre les armes et boucler nos sacs, le temps est tout gris de neige, nous marchons jusqu'à Fresnes-les-Montauban où nous arrivons à neuf heures, après une fausse alerte sans importance.

Les 28 et 29, nous profitons largement du repos

qui nous est accordé et dont nous avons bien besoin.

On nous communique au rapport un ordre du général Faidherbe sur la bataille, que nous voudrions pouvoir citer ici, et finissant par ces consolantes paroles : « Les troupes vont se reposer dans de bons » cantonnements et compléter leurs provisions de » munitions et de vivres pour reprendre bientôt » leurs opérations. »

Ces *bons cantonnements* avaient pour nous tout l'air d'une mystification ; nous étions fort mal logés à Fresne et surtout fort mal reçus, les paysans ne se gênaient pas pour nous dire qu'ils aimeraient autant recevoir les Prussiens. Ces gens étaient des Français pourtant, et n'étions-nous pas, nous, les soldats de la France?

Mais nous ne pouvions pas exiger de force comme le faisaient nos ennemis, et les paysans, plus fins que patriotes, nous refusaient l'indispensable pour réserver un large superflu aux Prussiens dont les sabres et les fusils étaient toujours la suprême raison.

Dans la nuit du 30, à deux heures, la marche du régiment nous réveille ; il nous faut aller occuper Plouvain que sa garnison quitte pour une forte reconnaissance d'infanterie et d'artillerie.

Le 31, la reconnaissance ayant trouvé le pays libre jusqu'en avant d'Arras et l'armée du Nord reprenant ses opérations, nous quittons ce village pour nous diriger au-delà d'Arras.

Les habitants, en nous voyant cotoyer leur ville pour reprendre l'offensive, durent pousser un gros soupir de soulagement. — Ils s'étaient vus sur le point d'être bloqués et songeaient déjà aux horreurs d'un bombardement prochain.

1er janvier 1871 Nous allons coucher à Dainville, c'est là que nous vîmes le 1er jour de la nouvelle année. — Que de tristes souvenirs en songeant à 1870 qui venait de se terminer au milieu de cette grande misère de notre pauvre pays !

Quelle fatale année! le plébiscite, la déclaration de guerre! Nos premiers désastres qui nous avaient valu de connaître dès les premiers jours la vie de soldat par son plus affreux côté. Que de sombres pensées! Que de ruines, de hontes, de morts innocentes au bilan néfaste de 70 ! Que de veuves, d'orphelins, sans appui, sans pain!

Triste et sombre leçon du despotisme : la barbarie se faisant l'apôtre de la régénération.

Enfin, ce premier jour de 1871 ne devait pas même être pour nous un jour de repos et de recueillement ; vers deux heures, il nous faut encore partir pour Warlus et Berneville que nous quittons le 2 janvier à l'aube pour Ayette, où notre avant-garde tue et blesse quelques Prussiens s'installant dans le village. Nous y séjournons une demi-heure, mangeant la soupe préparée par nos ennemis, nous y trouvons force bouteilles vides, ce qui nous surprend bien, car à notre premier passage, nous n'avions pu, en payant, nous procurer du vin.

XV

Bataille de Bapaume. — Boiry-Becquerelle. — Moyenneville. — Cour martiale.

Nous allons coucher à Courcelles-le-Comte. Toute la journée nous entendons une violente canonnade dans la direction d'Achiet-le-Grand et de Behagnies où commence la fameuse bataille de Bapaume, qui devait se continuer encore plus acharnée le lendemain et qui fut un vrai triomphe pour nos armes. 2 janvier Bataille de Bapaume

Notre rôle de réserve dans cette affaire nous force de renvoyer le lecteur au livre si précis et si modeste du général Faidherbe sur la campagne du Nord.

Le 3, dès le matin, toujours sous les ordres du commandant Huré du 1er bataillon, notre colonel n'ayant pas encore pu nous rejoindre, nous partons pour Achiet où nous devons retrouver notre 2e division qui s'est tant distinguée dans cette bataille et que nous ne pûmes rejoindre, les ordres de concentration ne nous étant pas parvenus. Nous marchons un peu dans toutes les directions, et venons former nos faisceaux en arrière et à l'entrée du village de Gomiécourt. Il est environ onze heures du 3 janvier matin; la fusillade et le canon s'entendent très-distinctement à une faible distance.

Le château de Gomiécourt nous offre le plus affreux spectacle de dévastation que l'on puisse rêver.

Des dépouilles de porcs, de volailles, des livres déchirés, des débris de vases jonchent les parquets où sont profondément gravés les talons de nos ennemis. — Les portraits des salons sont percés de coups de bayonnettes, les lits brisés, les matelas éventrés, les meubles brûlés ou volés.

Nous montons au premier étage, même désordre dans les appartements, le vin d'un tonneau défoncé inonde le plancher, et colore en filtrant les plafonds d'une teinte repoussante.

Ce spectacle d'ignoble orgie nous remplit de dégoût. C'est la guerre dans son effroyable débauche.

Nous passons la journée autour de petits feux derrière nos faisceaux, à préparer notre popotte en attendant le retour d'un lieutenant du Gard, attaché à un état-major de brigade, que le commandant Huré avait envoyé chercher des ordres.

Sur la hauteur derrière le village, plusieurs d'entre nous peuvent assister aux péripéties de l'action dont ils jugent l'acharnement aux innombrables feux de peloton et au bruit grandiose du canon qui fait rage. — Vers trois heures, nos réserves d'artillerie et d'autres troupes s'ébranlent et viennent décider de la victoire et montrer aux Prussiens, qu'à nombre égal, des conscrits français peuvent se mesurer avec leurs belles troupes si aguerries et si disciplinées.

A 4 heures, deux obus viennent éclater dans nos faisceaux.

Il est temps de partir, la nuit tombe vite; ne recevant aucun ordre, nous allons à la gauche d'un moulin entre Ervillers et Gomiécourt où nous restons une heure environ.

Le canon ne tonne plus qu'à de faibles intervalles, pour se taire bientôt avec la nuit.

Une compagnie du 2me bataillon retourne, pour éviter une surprise, jusqu'à l'entrée de Gomiécourt que ce soir là nous croyions occupé par l'ennemi, puis nous regagnons Moyenneville où nous avons laissé le 1er bataillon à la garde du convoi d'intendance.

Nous passons là une affreuse nuit sur la paille fraîche, avec un froid rigoureux et rien à nous mettre sous la dent.

Le 4 janvier, après avoir gagné Boiry-Becque- 4 janvier
relle, nous y restons toute l'après-midi à nous chauffer autour de feux de bivouac sur la grand'-route d'Arras,où défilent les convois d'intendance et d'ambulance.

Sur la fin du jour notre colonel qui, à peine remis de son accident, nous a rejoint de la veille, envoie deux compagnies reconnaître des uhlans signalés à l'horizon par notre grand-garde. La reconnaissance rentre au bout d'une heure sans avoir vu l'ennemi qui n'a pas attendu cette démonstration pour faire demi tour, étant sans doute suffisamment renseigné ur nos positions.

Cette fois, comme toujours, le manque presque complet d'éclaireurs à cheval, nous valait d'inutiles fatigues et donnait sur nous aux Prussiens ce grand avantage de connaître exactement nos marches, tandis que nos fantassins se harassaient vainement à épier les leùrs.

A la nuit, on nous distribue nos billets de logement.

Tandis que nous sommes cantonnés à Boiry-Becquerelle, la gelée et la neige reprennent avec intensité, et l'armée, qui a trouvé les villages aux environs de Bapaume entièrement saccagés et pillés, va prendre ses quartiers autour de Boileux, entre Arras et Amiens. — Le pain de l'intendance est exclusivement réservé aux blessés et aux malades ; nous devons nous contenter de biscuit.

Vers cette époque, une association de pères de familles s'est formée à Reims dans le but de nous constituer une ambulance spéciale ; le médecin qui y est attaché, M. le docteur Habran, nous rejoint à Boiry-Becquerelle, il a avec lui deux aides qui devront remplir les fonctions d'ambulanciers.

Les difficultés presque insurmontables de l'organisation forcent cette société philantropique à modifier son but primitif — elle établit alors par des commissionnaires dévoués, un service entre le régiment et Reims qui nous permet d'échanger, presque chaque semaine, une correspondance depuis si longtemps impossible.

Nous devions aussi dans la suite recevoir d'elle des effets de toute nature qui nous permirent de supporter plus facilement les fatigues et les misères qu'il nous restait encore à affronter.

Nous sommes sûrs d'être ici l'interprète de tout le bataillon en rendant un public hommage de notre reconnaissance à M. le docteur Habran qui ne cessa depuis lors de nous suivre dans nos marches et sur les champs de bataille, avec un courage et un dévouement au-dessus de tout éloge ; à M. Huvet, le président de la société, qui, maintenant encore met un dévouement sans bornes à l'accomplissement d'œuvres de charité indispensables au soulagement des familles les plus éprouvées. Que de veuves pauvres ont dû leur première consolation à sa discrète bienfaisance et aux secours qu'il a su si bien répartir sur les derniers fonds que les Rémois avaient généreusement mis à sa disposition au premier appel.

Après quelques jours de repos à Boiry, nous sommes à peine remis de nos fatigues, que le général en chef, dont le but était de débloquer Péronne, reprend ses opérations vers cette ville qui malheureusement devait capituler le 10, et rendre ainsi inutile le succès incontestable des derniers jours.

Le 8 janvier nous retournons à Moyenneville, où 5,000 hommes s'entassent chez 300 habitants.

Le dégel et la boue ont de nouveau succédé pour quelques jours à la neige et au froid.

Les éclaireurs ennemis viennent rôder jusqu'à Courcelles-le-Comte, à une heure à peine de Moyenneville ; ils y réquisitionnent des chevaux qu'on leur reprend à Ervillers, en leur tuant un officier et blessant plusieurs hommes. Selon leur habitude, les

Prussiens se vengent impitoyablement par l'incendie.

Le temps se remet vite à la gelée, la neige retombe de plus belle, nous construisons autour de nos cantonnements, des tranchées qui devaient rester inutiles.

9 janvier Cour martiale

Le 9, la cour martiale de la brigade est convoquée, elle s'installe dans le salon (?) du maire de Moyenneville. Cette fois elle est sous la présidence du chef de notre 3e bataillon, secondé de trois capitaines, d'un lieutenant et d'un sergent pris dans la ligne et la mobile.

En trois heures, sept causes sont entendues et jugées, quatre condamnations à mort sont prononcées, dont deux pour notre régiment, — les trois autres accusés sont acquittés.

Les condamnés passent leur dernière nuit dans le poste de police !!

Cette nuit fut aussi pour nous bien pénible, nous nous savions commandés pour l'affreux service du matin, — un peloton devait être pris dans nos rangs pour l'exécution, et le régiment assisterait en armes à cette cérémonie militaire. Heureusement la bonne nouvelle d'un sursis pour les condamnés, arrivé dans la nuit, se répandit vite : la victoire de Bapaume leur vaut la clémence du général en chef qui commuait leur peine en celle des travaux forcés.

Que sont-ils devenus ? Ils seraient encore au bagne, dit-on.

Cette peine terrible, nous l'admettions tous ; dans de pareils moments il faut des châtimens exemplaires. Mais si une absence de quelques jours, de quelques heures, leur valait le bagne, à eux qui tous au moins étaient revenus volontairement, quelle peine réserve-t-on aux réfractaires et aux lâches qui ont déserté, refusant à la France le tribut du sang que tout citoyen doit à la mère-patrie ?

XVI

Ayette. — Bucquoy. — Bécourt-Bécordel.

Le 10 janvier à l'appel de midi, nous partons pour Ayette où nous laissons le 3e bataillon ; nous continuons notre route un peu au-delà jusqu'à Douchy-les-Ayette qui regorge déjà de lignards et de chasseurs.

Dans cette marche, des éclaireurs ennemis nous voient défiler hors de portée de fusil, sur les hauteurs qui dominent les environs.

A Ayette une forte reconnaissance à laquelle prend part le 3e bataillon, avec une batterie d'artillerie, bat le pays jusqu'à Bucquoy, qui paraissait occupé. Elle ne découvre que 25 cavaliers prussiens qui, à son approche, tournent bride aussitôt.

Pendant ce temps, malgré la terre profondément gelée, les troupes cantonnées à Douchy exécutent des travaux de défense qui furent aussi inutiles que ceux de Moyenneville.

Ces ouvrages n'étaient pas du reste terminés, que le 12 janvier il nous faut abandonner nos cantonnements pour gagner Ablainzeveile où une distribution d'effets impatiemment attendue nous retient assez longtemps sur les rangs. Enfin nous nous répandons dans le village par billets de logement de 50 à 100 hommes.

Ici, comme dans la grande majorité des villages, nous recevons un accueil presque hostile.

Nous devons nous trouver heureux quand on daigne nous vendre, à des prix exhorbitants, du pain, des poules ou d'autres aliments.

Il fallait à beaucoup d'entre nous cette campagne pour apprécier la valeur d'un verre de vin ou d'un morceau de pain.

Nous sommes à peine installés, la soupe commence déjà à prendre couleur, qu'il nous faut partir abandonnant nos apprêts de festin.

Nous allons rejoindre à Bucquoy notre division tout entière, nous devons de nouveau affronter la colère des habitants, dont les maisons, comme toujours, regorgent de locataires improvisés.

Toutefois Bucquoy est un gros bourg, et nous allons, comme en pèlerinage, admirer un magasin de nouveautés qui étale ses étoffes dans de superbes vitrines.

Mon Dieu, pardonnez-nous cette badauderie! Une ville est déjà devenue pour nous une chose légendaire, depuis si longtemps que nous n'en avons vu! Cette fois nous faisons séjour, les rues et la grande place sont encombrées d'artillerie et d'attelages de toute sorte qui sont pompeusement décorés du nom de voitures d'intendance.

Si la mémoire ne nous fait pas défaut, c'est à cette époque qu'en plus des rations de vache, de riz, de sel, de café et de sucre, on nous distribue pour la première fois de l'eau-de-vie. — On avait bien vaguement aussi parlé de vin, mais ce projet ne fut jamais mis à exécution.

Le 14, à neuf heures du matin, toute la division s'ébranle pour occuper Albert et les environs, que les Prussiens évacuent à l'approche des Français. — Nous sommes de nouveau en plein pays ennemi.

Dans cette marche, nous passons au pied d'une colline boisée où la paille, des bouteilles cassées et des restes de feux de bivouac attestent de l'emplacement occupé la veille par une grand'garde ennemie.

Deux heures après le départ de sa garnison, Bucquoy voit défiler dans ses rues un demi escadron de cuirassiers blancs.

Nous croyons et nos ennemis avec nous, à une marche sur Amiens; les batteries allemandes sont déjà établies sur les positions du 23 décembre de Pont-Noyelles et les ponts sur la Somme sautent à notre approche.

Ce soir-là nous couchons fort mal du reste, à Bécourt-Bécordelle. Bécourt a vingt maisons misérables mais d'un superbe aspect dans un bois épais et bordé de ravins. Son magnifique château porte encore les traces du passage des allemands, qui ont tenté de l'incendier.

Rien à trouver en dehors des vivres de l'Etat qui heureusement ne font pas trop défaut. — Cette remarque nous suggère l'idée, un peu tardive peut-être, de donner ici un aperçu du prix des denrées que les paysans mirent quelquefois à notre disposition. Un *mouton avec sa peau et vivant*, 5 à 15 fr. (mystérieux bon marché; une poule toujours très-coriace, 3 fr.; — le vin, Dieu sait quel vin! de 1 à 2 fr. la bouteille; les œufs 15 et 25 cent.; — le beurre, 2 fr. environ la livre ; ces deux derniers articles toujours presqu'introuvables.

Le prix du mouton s'explique difficilement, celui de la poule, par exemple, est plus rationnel Au reste, le patriotisme des bons campagnards, à très-peu de nobles exceptions près, fut partout à la hauteur de leur générosité et de leur bon cœur. — La rapacité des paysans s'étendait ailleurs encore que sur les vivres. Que de fois plusieurs d'entre nous n'ont-ils pas dû promettre de payer la paille sur laquelle ils couchaient. A quoi bon dire que nous esquivâmes toujours cette dernière exigence et que plusieurs fois nous nous vengeâmes sur la basse-cour de la ladrerie du propriétaire.

Mais revenons à notre récit.

Le 15, nous voyons passer une reconnaissance soutenue par de l'artillerie; les hommes, les chevaux et les canons sont couverts d'un givre épais, les moustaches des artilleurs sont terribles avec les glaçons qui y pendent. 15 Janvier

Sur le soir, la colonne rentre fatiguée, elle a poussé jusqu'à Bray et n'a vu que quelques cavaliers qui se sont enfuis à son approche.

La nuit suivante, une sentinelle de notre grand'-garde de Bécordelle tenait en joue deux cavaliers prussiens chevauchant aux environs du village, quand notre clairon se met à sonner la distribution ; ces éclaireurs prêtent l'oreille et fuient à bride abattue. Le pauvre mobile fut longtemps désolé du contre-temps.

XVII.

Ecancourt. — Soyecourt. — Combat de Caulaincourt et de Beauvois. — Castres. — Contescourt.

16 janvier Le 16 janvier à six heures et demie du matin, la marche du régiment ne nous laisse même pas le quart d'heure réglementaire, de Bécordelle nous allons à Bécourt que le régiment quitte de suite pour rejoindre à quelques centaines de mètres plus loin la grande route d'Albert à Péronne.

Nous sommes plus d'une heure dans un champ à attendre notre rang de colonne ; le froid est vif quoique humide, on sent venir le dégel qui devra tout à l'heure nous faire tant souffrir. — Un fort verglas commence à tomber ; décidément les éléments ont fait un pacte avec nos ennemis. L'artillerie et la 1re division défilent lentement vers Péronne.

En attendant notre départ, les conversations s'engagent sur ce que peut être le projet de cette diversion en pays ennemi que rien ne pouvait faire prévoir. Nous croyons à une marche vers Paris, comme à un dernier sacrifice que la patrie exige de nous.

Notre estime pour le général en chef s'accroît de ce tour de force qui trompe aussi bien ses propres troupes que l'ennemi, mais nous présumons déjà que pour achever la réussite de ce plan hardi, nous aurons encore à supporter bien des marches forcées, bien des fatigues et de nouvelles et cruelles privations.

Le temps surtout nous inquiète fortement ; le dégel : c'est la force d'inertie qui s'oppose à un mouvement rapide et qui permettra à l'ennemi une fois remis de sa première surprise, de regagner sur nous les deux jours de marche que nous aurons consacrés à tourner les places tombées en son pouvoir.

Enfin nous prenons notre rang dans la colonne ; à une lieue à peine d'un village que nous venons de traverser le long d'un bois que coupe la route, le général Faidherbe passe avec son escorte au milieu de nous ; il n'a pas fait 200 mètres que la 5e compagnie du 3e bataillon d'arrière-garde voit débusquer d'un petit bois, et filer ventre à terre, entre elle et le régiment, 5 cavaliers ennemis ; quelques hommes seuls ont le temps de charger leurs armes et tirent dans le bois où viennent de rentrer ces hardis uhlans ; un seul fut atteint.

Nous marchons péniblement dans la boue qui succède au verglas, nous devons faire halte à chaque instant pour laisser souffler les chevaux de l'artillerie. Cette route qui peut être fort jolie par un beau jour d'été, ne nous laisse remarquer que ses côtes sans fin et ses ravins transformés en lacs.

Vers 3 heures, la route que nous longeons est tellement défoncée que nous devons suivre un à un un sentier qui a résisté à l'inondation, car c'en était une. Un peu avant Manancourt, nous marchons dix pas puis nous attendons un quart d'heure pour en faire encore autant. Enfin au bout de 2 ou 3 heures de ce supplice, car nous ne cessons d'avoir les pieds dans l'eau jusqu'à la cheville, nous nous aperçevons de l'obstacle. C'est un ruisseau débordé qui barre complètement la route, et sur lequel une seule planche sert au passage des troupes de toute notre brigade.

On peut juger du désordre qui en résulta. Chaque compagnie, après s'être reformée au-delà du torrent, dût chercher un passage à travers les jardins. Bientôt elle trouve d'autres ruisseaux qu'il lui faut encore traverser. Enfin nous voilà tous, errant par bandes, au milieu des champs ; et ce n'est que la marche du régiment qui nous permet de nous guider à travers cette nuit noire et d'entrer avec un peu plus d'ordre à Ecancourt. Les rues basses sont remplies d'eau à hauteur des genoux. Le haut du village, qui est un peu plus habitable, regorge de troupes, nous devons pour la plupart hasarder un bain jusqu'à mi-jambe pour trouver un gîte où, avant de dormir, nous pourrons, peut-être, faire notre premier repas de la journée.

Les voitures de bagages du régiment sont restées embourbées à Manancourt.

17 janvier Le lendemain, à 8 heures, il nous faut repartir ; arrivé à Nurlu, le régiment fait halte quelque temps. Nous entendons deux violents coups de canon, c'est notre artillerie qui fouille un bois de l'horizon où rôde un parti des cavaliers ennemis de la garnison de Péronne. Quelques-uns durent n'y pas retourner ce jour-là.

Bientôt après le 1er bataillon s'ébranle pour suivre la colonne. Le 3e bataillon escorte jusqu'à Vermand l'artillerie du 22e corps et revient sans encombre cantonner à Soyecourt où doit coucher tout le régiment.

Les hommes du 2e bataillon, qui doivent attendre un ordre, font la soupe sur le bord de la route pour tuer l'ennui et faire un emploi pratique du temps. Enfin, dans l'après-midi, l'ordre arrive d'aller par des chemins de traverse rejoindre un convoi d'intendance ; nous devons cheminer lentement à droite et à gauche de 54 voitures dont les haridelles soufflent et suent à l'envi.

Durant toute cette marche, des cavaliers ennemis, en vedette sur les hauteurs, peuvent de loin compter les files de notre maigre colonne.

En traversant un village nous voyons un hussard polonais de la landwehr, tout gris de boue, il a été pris quelques heures avant pour être venu rôder trop près de nos flanqueurs.

Sur le soir la 5e compagnie du 2e bataillon d'arrière garde voit arriver à elle une trentaine de cavaliers. L'officier qui la commande crie : Qui vive ! en faisant faire demi tour à son peloton. On lui répond : France ! — et au même moment ces cavaliers déchargent leurs armes sur les mobiles surpris de tant d'audace, et repartent à bride abattue. Quelques coups de feu répondent seuls à cette impudente infraction aux lois de la guerre.

A dix heures du soir, seulement le 2e bataillon rejoint le régiment déjà installé à Soyecourt où nous nous entassons de notre mieux dans les granges pour y passer la nuit. Là encore nous faisons un souper des plus maigres, mais la fatigue et le sommeil l'emportent sur la faim ; nous dormons comme des bienheureux. Amère dérision !

18 janvier. Combat de Caulaincourt et Beauvois. Le lendemain, 18 janvier, à 7 heures du matin, on nous rassemble pour nous distribuer deux jours de vivres. Ce travail fort long est bien désagréable, car il nous contraint de stationner plus d'une heure sur la route détrempée. Il faut bien le dire, les mines se rembrunissent fort, la gaité s'en va peu à peu ; les grandes fatigues et les privations des derniers jours nous abrutissent au point de faire de nous de véritables machines : l'idéal de la chair à canon.

Enfin à 9 heures et demie, nous partons pour rejoindre notre brigade qui n'a pas reçu ses vivres et nous a devancés de quelques heures dans la direction de Vermand. Nous prenons rang derrière la 1re division de notre corps d'armée dont quelques compagnies de mobiles du Gard escortent les bagages.

Vers 11 heures, des coups de fusil isolés partent de la direction de Caulaincourt, beau village du département de l'Aisne où nous admirerons tout à l'heure le superbe château des ducs de Vicence.

Nous croyons à une chasse poussée sur quelques éclaireurs : mais bientôt notre avant-garde, la 1re compagnie du 3e bataillon, arrivée sur la crête de la côte au-dessus du parc du château de Caulaincourt, aperçoit à 300 mètres en avant d'elle les dernières compagnies du Gard se précipiter en désordre dans les champs à gauche de la route, tandis que sur la droite deux escadrons prussiens chargent ventre à terre cette queue de colonne en poussant des cris sauvages.

La 1re compagnie fait un feu à volonté qui couche quelques cavaliers ennemis dans la boue sans parvenir à arrêter leur élan ; puis elle continue à s'avancer. Les bataillons, à cette décharge, prennent le pas gymnastique pour gravir la côte et se massent tout en courant. Cette attaque était imprévue, car les villageois, selon leur coutume, n'avaient rien dit du voisinage de l'ennemi.

A ce moment une batterie Prussienne commence sur nous, à 800 mètres, un feu presqu'inoffensif. — Les obus tombent dans la terre dégelée et n'éclatent que rarement.

Les hussards avaient chargé les mobiles du Gard pour sabrer ensuite les artilleurs d'une batterie française établie sur la grande route de St-Quentin qui fait hache avec celle que nous occupons et qu'ils viennent de traverser.

Notre apparition inattendue et la bonne tenue de notre 3e bataillon les empêchent de mettre ce projet à exécution, ils craignent d'être coupés, et reviennent à toute bride à la hauteur de notre tête de colonne, ils passent rapides comme l'éclair, cette fois sans pousser leurs cris de triomphe, et essuient une formidable décharge qui les couche presque tous dans les champs.

A ce moment nous fûmes témoin d'un trait d'audace dont le sang-froid des acteurs compensa la bizarrerie de la scène.

Un hussard dont le cheval a été tué se sauve à toutes jambes dans les terres, arrêté à chaque instant par son grand manteau et le poids de ses vastes bottes, le commandant de Breuil pique son cheval et se lance après le fuyard que le fourrier de la 2e du 3e est près d'atteindre, le hussard se croyant perdu court de plus belle ; le fourrier dont le canon du fusil est obstrué par un culot de cartouche qu'il n'a pu extraire, lui crie : « c....., si tu ne t'arrêtes pas, je te brûle la g..... » — Le prussien flaire une menace terrible sous l'énergie de ce langage qui lui est inconnu, il s'arrête et tend sa carabine à son vainqueur triomphant qui le ramène dans nos rangs. — L'air piteux du pauvre hussard nous fait peine à voir. — « Vous bonne Fransous, dit-il, moi pas capout, » Et encore un peu il se roulerait à nos pieds. Nous le rassurons en lui riant au nez et son heureux possesseur va le remettre aux mains des gendarmes qui gardent déjà quelques prisonniers aussi très-peu rassurés.

L'honneur de cette journée revient tout entier au 3e bataillon qui fut du reste, pour sa conduite, cité à l'ordre du jour par le général en chef.

Le 2e bataillon brûla bien quelques cartouches, mais sans grand résultat à cause de la distance, et n'eut qu'à relever des chevaux et des blessés ennemis ; nous ne perdîmes qu'un cheval de caisson et deux hommes, malgré la prodigalité avec laquelle les Prussiens nous firent pleuvoir les obus sur la tête. — Les mobiles de la 1re division eurent, par contre, bon nombre des leurs sabrés dans cette charge.

Nous traversâmes Beauvois où nous vîmes beaucoup de blessés du Gard et quelques Prussiens se tordant sur les voitures de bagages : le canon continuait à tonner, surtout dans la direction de Vermand où la lutte était aussi très-acharnée.

L'infanterie de marine, en avant de Beauvois, avait, pendant notre engagement, soutenu bravement le choc de l'infanterie prussienne, et nous n'eûmes plus qu'à manœuvrer jusqu'à la brume à travers champs, notre 3e bataillon entièrement déployé en tirailleurs à 200 mètres de nous.

L'ennemi ne fit plus de tentative d'attaque, nous n'avions eu affaire qu'à l'avant-garde d'une division (corps von der Grœben) qui nous suivait à marches forcées et qui allait rejoindre des renforts appelés en hâte pour nous couper la ligne de Paris. Il était clair alors pour tous, que nous marchions à un effort suprême des armées de province vers cette ville.

Toute crainte de nouvelle attaque étant dissipée, nous poursuivons notre étape jusqu'à Castres et Contecourts, où nous arrivons à sept heures, nous y rejoignons notre brigade et y passons la nuit.

En défilant sur la grande route, nous étions passé près des artilleurs que nous venions de sauver, eux et leurs pièces.

Ils nous firent une petite ovation aux cris de : Vive les moblots de la Marne ! — Ils nous devaient bien cette reconnaissance, car au moment de la charge des hussards, nous les avions vus se former en carré en avant de leurs pièces qu'ils étaient bien résolus de ne laisser prendre qu'avec leur vie, — héroïque sacrifice qui, sans nous eût été perdu.

Voici ce que dit notre général en chef sur cette marche, folle pour bien des gens, et dont on a voulu faire retomber la faute, puisque faute il y eut, sur Gambetta qui, au milieu de sa vie toute de patriotisme et de dévouement, et semée d'obstacles souvent invincibles, n'a recueilli dans bien des lieux que la calomnie et l'injustice de ses ennemis politiques :

« Nous ne pouvions avoir l'idée de forcer le passage de la Somme sous Amiens, en présence d'une armée au moins aussi nombreuse que la nôtre, retranchée comme elle l'était et qui avait la faculté de recevoir très-rapidement des renforts. D'un autre côté, nous ne pouvions rester dans l'inaction.

» Nous savions que la garnison de Paris allait faire un grand et suprême effort ; un télégramme de Bordeaux, envoyée par M. de Freycinet, en l'absence de M. Gambetta, avait averti le général Faidherbe que le moment d'agir vigoureusement était venu : il importait surtout d'attirer sur nous le plus de forces possible de Paris. Le général Faidherbe, intimement convaincu de cette nécessité, crut qu'il arriverait à ce but en se dérobant à l'armée qui était devant lui par quelques marches forcées vers l'est et le sud-est, de manière à arriver rapidement au sud de Saint-Quentin, menaçant ainsi la ligne de la Fère Chauny, Noyon et Compiègne. Il était sûr d'avoir bientôt affaire à des forces considérables, mais le moment de se dévouer était venu et il pouvait espérer d'avoir le temps, lorsqu'il se verrait menacé par des forces supérieures, de se rabattre vers le Nord en les attirant à lui, et d'aller les attendre sous la protection des places fortes de Cambrai, Bouchain, Douai et même Valenciennes, où il pourrait leur tenir tête, quel que fut leur nombre, si elles osaient l'attaquer.

» Nous partîmes donc le 16 d'Albert » . . . .

. . . .

XVIII.

Bataille de St-Quentin.

Le jour se lève le 19 janvier, pour ajouter à notre malheureuse histoire une nouvelle page à la fois sombre et glorieuse. 19 janvier Bataille de St-Quentin

Nous devons encore renvoyer au livre du général Faidherbe pour le récit détaillé de cette triste journée.

Notre brigade était établie à Castres en avant-garde du corps d'armée. Nous étions à peu près au centre du demi-cercle formé par le 22e corps, qui s'étendait de Gauchy et Grugis jusqu'à la route de Paris face au sud.

Sur les sept heures, le brave général de Gislin, commandant notre 2e brigade, était parti à pied de Castres, suivi d'un seul officier d'état-major pour reconnaître les environs; le dernier poste de notre grand'garde, établi dans une ferme que notre 2e bataillon devait défendre si énergiquement dans la journée, sort pour rendre les honneurs au général. La section n'est pas encore rentrée que l'officier qui la commande, voit revenir à toutes jambes le général et son aide de camp ; derrière eux, deux escadrons ennemis arrivent ventre à terre : une décharge bien nourrie met vite en déroute ces imprudents cavaliers, qui sans cette protection inattendue, allaient nous priver de notre brave général de division.

M. du Bessol, notre général de division, dans cette même journée fut atteint d'un éclat d'obus dans le bas ventre qui le mit à deux doigts de la mort.

A ce moment le canon commence à tonner vers le nord et l'est de St-Quentin d'où nous étions à près de 12 kilomètres, l'ennemi s'avançait aussi sur nous, le 91e et le 1er chasseurs partent pour soutenir le premier choc, tandis que nous allons nous former en bataille sur la hauteur en arrière de Castres.

Bientôt l'action devient plus générale, le canon tonne sans discontinuer ; des artilleurs qui passent auprès de nous, nous crient : « Il y aura du tabac aujourd'hui. » Nous commençons bien à le croire. Notre colonel lance en avant le 2e bataillon sous les ordres du capitaine d'Hauterive pour soutenir l'infanterie de la brigade fortement engagée sur la gauche et en avant de Castres. Nos braves mobiles partent joyeux chantant des hymnes patriotiques, et défilent devant le 3e bataillon, serrant la main des amis qui les excitent et les encouragent. Nous descendons dans Castres que nous traversons en chantant ; notre entrain fait contraste avec l'air consterné des paysannes, qui pleurent en murmurant : « Pauvres enfants ! » On leur répond : *Mourir pour la patrie!...*

Nous suivons le chemin qui conduit du village à la petite route de St-Quentin à Seraucourt.

Dans un chemin de terre en face de celui de Castres, le 91° est établi ayant en avant de lui une ou deux compagnies seulement.

Le bataillon fait halte un instant, adossé à un rideau garni de pommiers ; déjà de nombreux blessés se traînent péniblement, les uns soutiennent leurs bras fracturés par la mitraille, d'autres s'appuyant sur leurs fusils, laissent derrière eux une traînée de sang qui coule de leurs jambes percées par les balles, quelque temps de ce spectacle, et nous aurons perdu notre entrain, le commandant lance, à droite de la route, la compagnie Blancou en tirailleurs ; elle se déploie superbement sous la pluie de balles qui, à ce moment, passent au ras du talus contre lequel est adossé le bataillon.

Un brave jeune homme de 18 ans, le caporal Gérard, engagé volontaire, reçoit pendant le mouvement une balle dans l'aine et est transporté à l'ambulance improvisée à cent mètres plus bas, dans une cabane de la route.

Puis les 1re, 2e, et 4e Cies, reçoivent l'ordre de gravir le talus qui les sépare de l'ennemi.

La terre est glissante, et les officiers et sous-officiers font tous leurs efforts pour aider aux hommes embarrassés de leurs sacs à escalader la pente.

A peine sur la hauteur ; l'ennemi abrité, à 4 ou 500 mètres de là, derrière des pommiers, dirige sur nous un feu nourri et atteint une dizaine d'hommes, les autres entraînés par leurs officiers avancent en courant jusqu'à un chemin creux qu'occupe une compagnie du 91°, à 200 mètres en avant.

Les compagnies s'étendent en tirailleurs le long de la route et commencent à répondre vigoureusement au feu de l'ennemi dont la position légèrement plus élevée que la nôtre, lui permet de nous faire beaucoup de mal. »

Un officier de nos amis veut bien nous communiquer ses impressions du moment, elles rendent assez bien les sentiments de tous dans de pareilles situations pour trouver naturellement leur place ici :
« On nous donne ordre d'escalader le rideau qui
» nous abrite et au bord duquel les balles enne-
» mies viennent se terrer en nous lançant de la
» boue, le clairon sonne, le cri : en avant est répété
» par tous ; mon capitaine et moi, nous cherchons à
» pousser devant nous les hommes que la terre
» glissante empêche de gravir la hauteur. Quelques
» minutes après, voyant nos efforts inutiles, nous
» voilà tous deux nous cramponnant à la glaise pour
» monter les premiers. — Je sens toute mon énergie
» faiblir à mesure que ma tête approche du niveau
» du sol où les balles pleuvent toujours drues comme
» la grêle, enfin nous arrivons vivants sur la hau-
» teur et tournant de suite le dos à l'ennemi, nous
» nous mettons en devoir d'aider les hommes à
» nous suivre, notre exemple les encourage, et
» chacun aidant, la compagnie est bientôt tout
» entière dans le champ où quelques-uns sont
» déjà étendus pour ne plus se relever. Ce pre-
» mier moment d'émotion passé, je me sens tout
» à fait remis, et l'instinct de la conservation
» ayant payé son tribut à la peur, je m'élance
» avec les hommes au milieu des projectiles qui

» frappent à droite et à gauche jusqu'à notre che-
» min creux.

» Ceux qui n'ont pas eu de pareils moments dans leur vie ne peuvent apprécier ces impressions; le premier quart d'heure d'une action demande, chez un jeune soldat, beaucoup de force et d'énergie pour dompter la peur inévitable des premières balles; celui qui sait résister à ce premier sentiment est sûr de lui pour le reste de la journée, et devient quelquefois capable, bientôt après, de remplir les plus périlleuses missions.

De dix heures à midi et demie, nous occupons cette position dangereuse, l'ennemi tente trois fois de nous déloger à la bayonnette; arrivé à cent mètres de nous, il est décimé par notre feu plus sûr à mesure qu'il s'approche, et s'enfuit en désordre jusqu'à ses abris. Quelques-uns des plus braves cherchent à nous entraîner à sa poursuite.

Deux mobiles armés de chassepots voient un peu à leur gauche un officier prussien agitant son sabre et poussant des cris pour entraîner ses hommes sur nous, ils l'ajustent, et bientôt l'officier court, plié en deux, s'abriter derrière un arbre où nous voyons un groupe se former. — Celui-là n'a pas dû retourner en Prusse, raconter les exploits de ses frères d'armes.

Le chemin que nous tenons se perd à gauche dans les terres, et à droite rejoint la route du Grand-Seraucourt; une petite ferme est près de l'embranchement des deux routes.

C'est là que s'établit la compagnie de grand'garde et quelques soldats du 91e qui y font des meurtrières et d'où part un feu dont l'ennemi eut beaucoup à souffrir.

Vers onze heures et demie on fait avancer la 5e compagnie, restée en réserve dans un chemin creux à 100 mètres en arrière, sur la gauche duquel se trouvent quelques compagnies du 91e.

A peine cette compagnie prend-elle ses positions de tirailleurs que le lieutenant qui la commande, M. Goutant, reçoit une balle dans l'épaule, il continue malgré sa blessure à placer ses hommes, puis tombe évanoui ; on le charge sur un caisson qui l'emmène à St-Quentin, où il meurt quelques jours plus tard.

Nous pouvions de notre position voir très-distinctement l'ennemi relever ses tirailleurs, tandis que de notre côté nous n'avions aucune réserve à appeler à notre secours. Nos munitions commençaient aussi à manquer ; un officier traverse sous une grêle de balles ennemies le champ qui le sépare du 91e, pour faire venir le caisson de cartouches qui est déjà loin et qui ne pouvait du reste s'avancer si près de l'ennemi, il rapporte de la part du général à son commandant l'ordre de faire ralentir le feu, et la ligne à suivre pour la retraite dès qu'il n'y aura plus de munitions.

Le 2e bataillon dont les pertes pouvaient s'élever déjà à une quarantaine d'hommes, parmi lesquels le brave sergent Bouteiller de la 4e compagnie, atteint d'une balle en pleine poitrine en cherchant à entraîner les hommes à la poursuite de l'ennemi, voit avec terreur venir l'instant où il lui faudra fuir faute de cartouches, la rage des hommes excités par la poudre est à son comble, enfin, il faut prendre les dispositions pour la retraite; le commandant fait occuper la ferme du chemin par une quarantaine d'hommes sous les ordres du lieutenant Tategrain (du 1er bataillon), de grand'garde, avec mission de tenir jusqu'à ce que nous ayons pu prendre dans notre retraite une certaine avance.

La position qu'il nous va falloir quitter est couverte de nos nombreux blessés que nous voyons râler à nos pieds, les moins atteints passent leur temps à déboucler les sacs et les cartouchières pour donner aux camarades encore valides, leur reste de cartouches.

Vers une heure, les Prussiens voyant notre feu se ralentir peu à peu, foncent une dernière fois sur nous; le commandement « en retraite, » se fait entendre. — Les blessés nous déchirent le cœur de leurs cris de détresse, beaucoup devaient être achevés à coups de crosse par l'ennemi qui allait sitôt les rejoindre. — Nous voilà, nous précipitant comme une cohue dans les terres défoncées par le dégel; à chaque pas un de nous tombe, atteint d'une balle ou d'un obus que les batteries ennemies commencent seulement alors à lancer sur nous, bientôt chacun fuit pour son compte jusqu'à Giffécourt où les trois bataillons se retrouvent. — Là on s'embrasse, on se donne de vigoureuses poignées de mains, on est tout joyeux de vivre encore.

Pendant ce temps, depuis neuf heures du matin, le 3e bataillon, ses deux premières compagnies en tirailleurs, restait sur le plateau en arrière de Castres décimé par les obus que les batteries ennemies dirigent sur lui.

Il échange des feux très-vifs de tirailleurs et se replie au moment de la retraite de la brigade par les bois de Giffecourt où des ruisseaux entravent à chaque instant sa marche ; il gagne facilement et en ordre le village.

Nous avons laissé la 3e compagnie du 2e bataillon, prendre sa position de tirailleurs à la droite du bataillon en avant de Contescourt. — Là, elle a à soutenir, aidée d'une compagnie du 91e, un feu très-vif de l'ennemi embusqué à 300 mètres de sa position. Elle tenait bon depuis quelque heures, quand un Prussien, agitant un mouchoir au bout de sa bayonnette, sort du bois, un sous-lieutenant du 91e s'avance avec quelques hommes pour parlementer, le feu ayant cessé des deux côtés à ce signal, il est bientôt accueilli par une vive décharge de l'ennemi peu soucieux de l'infâme trahison qu'il vient d'employer. La position est cependant tenue jusqu'à épuisement complet des munitions ; enfin la compagnie se replie au milieu des marais de Castres, et rejoint le 3e bataillon avec lequel elle effectue sa retraite sur Giffecourt.

Nous reprenons cette fois nos rangs et nous commençons notre retraite en bataille sur St-Quentin. — Les obus et les balles sifflent toujours avec rage à nos oreilles. Nous sommes devenus indifférents à ce sifflement continu et effroyable. — Le 1er bataillon poursuit sa marche en colonne sur St-Quentin.

Trois ou quatre fois, les 2e et 3e bataillons qui sont restés en bataille pour la retraite, font halte et face aux Prussiens que nous voyons nous poursuivre en tirailleurs débandés par la difficulté de la marche dans ces terres où le pied entre jusqu'à la cheville. — Nous ne pouvons tirer, et cependant l'ennemi s'arrête aussi quelques instants, puis nous voyant reprendre notre marche, il continue sa poursuite.

Nos chaussures sont si mauvaises, que beaucoup de soldats sont bientôt pieds nus dans la boue.

A l'entrée de St-Quentin, un peu en arrière du moulin de Tout-Vent, d'où une dernière batterie francaise arrête la poursuite de l'ennemi, nous faisons halte une dernière fois ; nous voyons la batterie chargée par des escadrons prussiens que des chasseurs formés en bataille un peu en avant de nous, mettent en déroute par un superbe feu de peloton à 800 mètres.

Bientôt ce sont des masses d'infanterie prussienne qui s'avancent en colonnes serrées sur le moulin et sur nous. Leurs tirailleurs sont déjà à quelques centaines de mètres de notre position.

Alors nous descendons le rideau très-rapide auquel nous sommes adossés, et nous gagnons la petite rue d'Ostende qui regorge de troupes et de voitures de blessés, se disputant l'entrée de la ville si étroite à cet endroit ; une malencontreuse barricade ralentit encore notre retraite. — Il est cinq heures et demie, et le canon français cède peu à peu la voix aux batteries ennemies qui bombarderont la ville jusque huit heures.

Notre brigade entre la dernière dans St-Quentin et poursuit sa retraite jusqu'au Câtelet et Bohain. — Ces fatigues dont le général Faidherbe a dit dans un de ses derniers ordres que ceux qui ne les ont pas vus ne pourront s'en faire une idée, nous coûtèrent bon nombre de prisonniers, soldats perdus, blessés, éclopés, débandés, que l'épuisement, le manque de chaussures et les privations de toutes sortes ont fait abandonner leur colonne et ramasser par les cavaliers ennemis qui nous poursuivirent jusqu'aux portes de Cambrai.

Telle fut notre part de la dernière bataille que livra l'armée du Nord qui avait tenu en échec jusqu'à la nuit les forces près de trois fois supérieures de l'ennemi, le général Faidherbe termine son rapport sur cette journée par ces lignes qu'il est indispensable de citer ici :

« Ainsi, à la nuit, du côté de l'ouest comme du côté du sud, nos troupes, épuisées par une journée entière de combat succédant à trois journées de marches forcées et d'escarmouches, par un temps et des chemins épouvantables, se trouvaient rejetées sur Saint-Quentin par un ennemi dont le nombre augmentait à chaque instant par les renforts qu'il recevait de Rouen, d'Amiens, de Péronne, de Ham, de Laon, de La Fère et enfin de Beauvais et de Paris.

L'ennemi perdit, dit encore notre général en chef dans les journées des 18 et 19, environ 5,000 hommes, nous n'eûmes que 3,000 hommes hors de combat. Malheureusement, l'ennemi nous fit dans la retraite de 5 à 6,000 prisonniers dont la moitié environ parvint à se sauver et put nous rejoindre au bout de quelques jours.

Nous avons laissé le régiment au moment de son entrée dans St-Quentin, suivons-le maintenant dans sa retraite vers le Nord.

Dans les rues de St-Quentin, les volets et les boutiques s'étaient fermés aux premiers obus. Quelques habitants atterés, regardaient d'un œil sombre défiler les soldats tout couverts de boue, le visage noirci de poudre.

Les plus harassés entraient dans des maisons hospitalières où ils trouvaient du pain et du vin, puis ils repartaient pour cette marche de nuit interminable, un peu réconfortés, mais avec la nonchalance idiote que donne l'épuisement physique et moral. — Sur la place, près du pont barricadé et défendu par deux petites pièces de montagne, notre clairon-major sonne avec rage la marche du régiment, auprès de lui notre colonel ralliait les derniers hommes de son régiment poursuivre la retraite.

Sur la grande place, le général Faidherbe sur son cheval tout couvert de boue, donne les derniers ordres d'un air sombre, mais avec une voix calme et résolue.

Bientôt, au bout du faubourg, nous le voyons partir au galop dans la direction de Cambrai.

Quand nous arrivâmes aux dernières maisons de la ville, la nuit était tout à fait noire, et la longue file du convoi d'intendance acheva de nous faire perdre nos rangs; nous marchâmes plus d'une lieue sur les côtés boueux de la route où avançaient péniblement les voitures de vivres et de bagages.

Enfin nous parvînmes à les dépasser; notre surprise était grande de n'avoir pas été inquiétés dans notre retraite sur les deux seules routes que nous pouvions prendre. — A notre gauche deux vastes incendies lançaient dans le ciel leurs gerbes de feu; c'était tout ce qui restait encore de l'effroyable acharnement de la journée.

Tout le long de la route on entendait crier : «Somme et Marne! 24e! 43e ! 75e! »; et au loin des voix épuisées, répondaient : par ici, par ici camarades!

Sur les berges de la route étaient couchés des hommes affaissés et à demi-morts de fatigue et de privations.

C'étaient ceux-là qui devaient faire la gloire de nos ennemis en peuplant leurs camps de l'Allemagne,

A chaque village que nous traversions, nos rangs s'éclaircissaient, des hommes sans chaussures, crevant la faim et la soif s'arrêtaient chez les paysans, et ne pouvant plus se relever après quelques minutes de repos, s'étendaient sur le dallage et attendaient hébétés par l'épuisement, la captivité et de nouvelles misères.

A Bohain, une soixantaine d'hommes du régiment arrivèrent vers une heure du matin et couchèrent dans une salle d'école ; à quatre heures ils montaient dans un dernier train qui les déposa à la gare de Cambrai où l'effectif du régiment s'éleva vite à 200 hommes. Ce premier noyau fut logé dans les faubourgs de Cambrai et se grossit peu à peu des malheureux qui avaient dû marcher jusque-là, ils avaient trouvé évacuées les gares du Câtelet et de Bouchain, et il leur avait fallu encore faire plus de six lieues, harcelés par l'ennemi.

Il en arriva jusqu'à cinq heures du soir. Dieu sait dans quel état d'épuisement!

On avait eu l'heureuse idée d'empêcher ces troupes

débandées d'entrer en ville ; quand, le soir, les régiments étant un peu constitués, il fallut s'y renfermer; l'effet moral ne fut pas si terrible sur la population qu'un pareil spectacle eut certainement atéré.

Depuis quatre jours, d'abord par le verglas puis par un dégel effrayant, il avait fallu à toute l'armée du Nord fournir des marches forcées sans avoir le temps de manger plus d'une fois par jour, et combien encore n'avaient eu d'autre aliment que leur pain ou leur biscuit ; combien, pas même de paille ou d'abri pour la nuit.

Puis arrive une bataille disproportionnée où nous tenons, nous pouvons le dire, avec l'énergie du désespoir. La nuit seule est à la fois notre perte et notre salut.— Elle nous contraignait à fuir dans la crainte d'être cernés et ne permettait pas à l'ennemi dont la prudence fut ce jour inqualifiable, de nous couper la retraite.

Sans doute son respect pour notre belle défense avait dégénéré en frayeur dans son esprit plus pratique que brave.

Pour des conscrits, cette défaite fut une victoire! Quelle puissance de résistance la France eut-elle possédée si toutes ses armées avaient eu des Faidherbe à leurs têtes.

A quoi bon ajouter que cette dernière journée qui se termina pour nous par une marche de six à douze lieues sans repos, sans eau, sans nourriture, était bien faite pour démoraliser les plus résolus, et épuiser les plus robustes ?

Et maintenant qui osera nous faire un crime des

nombreux prisonniers que l'ennemi ramassa dans cette terrible nuit.

Dans quelle guerre depuis la légendaire retraite de Moscou avait-t-on vu un pareil acharnement de la fatalité?

Des officiers qui avaient fait les campagnes de Crimée, d'Italie et du Mexique, nous dirent n'avoir jamais eu de pareilles misères, des fatigues aussi écrasantes dans leur longue carrière militaire.

Et c'étaient des soldats de la veille qui enduraient ces épreuves auxquelles la majorité ne résista que par miracle.

XIX.

Cambrai. — Reconnaissance sur Bouchain. — Douai. — Retour à Cambrai. — Armistice.

Revenons maintenant au récit des dernières péripéties militaires de notre bataillon.

Le 20 janvier, 200 hommes à peine du régiment, arrivent, encore tout couverts de la boue de St-Quentin, harrassés et démoralisés, à la gare de Cambrai; on les cantonne dans divers faubourgs. 20 janvier

Vers cinq heures, le faubourg de Paris où se reposaient les débris du 2e bataillon reçoit quelques obus Prussiens que lançait une batterie ennemie soutenue par plusieurs escadrons.

Cette colonne poursuivait, depuis la veille, les fuyards protégés dans cette rude marche de St-Quentin à Cambrai par un bataillon de chasseurs qui ne cessa par son feu de tenir les Prussiens à distance respectueuse.

La générale est battue dans le faubourg et les troupes se replient sur Cambrai d'où elles partent presque toutes dans la nuit. Notre brigade seule reste pour renforcer la garnison de la place composée d'un régiment de mobiles formé des échappés de

Laon, Soissons et la Fère, d'une batterie d'artillerie de mobiles et d'une forte légion de mobilisés.

Le lendemain, après une nuit passée par une grande partie d'entre nous dans la salle de la mairie, nous vîmes introduire un parlementaire qui demandait impudemment la reddition de la place.

22 janvier Le 22 janvier, les craintes du bombardement continuant à faire retirer les habitants dans leurs caves, nous fûmes commandés de reconnaissance. Nous étions alors réunis au nombre de 600 environ.

Nous partons à huit heures et demie du soir et arrivons sans encombre en vue de Bouchain ; on nous accorde quelque temps de repos dans une grande ferme que nous quittons à quatre heures du matin pour nous embarquer sur Douai. Là nous retrouvons 400 environ des nôtres que les hasards de la retraite ont fait prendre une autre route.

Nous passons les journées des 24 et 25 dans cette ville dont nous habitons la caserne, ignoble écurie où chacun n'a même pas de paille et où, pour comble de misères, nous sommes consignés.

26 janvier Le 26, nous regagnons à pieds Cambrai par Bouchain, ce qui nous vaut un détour de plusieurs lieues.

Cette fois nous sommes logés chez l'habitant. A un de nos appels de midi nous ne sommes pas peu surpris d'entendre au loin notre marche du régiment sonnée par des clairons étrangers ; c'est un détachement de notre dépôt qui, de Bergues a été transporté à Gravelines, et s'est grossi de tous nos camarades sortis des hôpitaux, il vient combler les vides du bataillon et est en grande partie versé dans les trois compagnies du 2e bataillon de la Marne qui ont été le plus éprouvées dans la campagne.

Le 29 janvier, en arrivant sur la grande place pour l'appel du matin, nous lisons une dépêche officielle annonçant l'armistice. 29 janvier

Chacun excusera notre grande joie, nous en avions assez de nos fatigues et de nos misères; une centaine des nôtres étaient morts ou peuplaient les ambulances. Les hôpitaux regorgeaient de nos malades et les subsistants valides étaient à bout de force. Dans cet état d'épuisement et devant la certitude qui tous les jours grandissait à nos yeux, que nos efforts pour sauver la patrie devenaient impuissants, la nouvelle de l'armistice, pourquoi ne pas l'avouer, pouvait être un soulagement pour nous qui, quelque faible qu'ait été notre rôle, avions payé à la patrie notre tribut de sang et de dévouement.

XX.

Derniers cantonnements dans le Nord. — Embarquement.

31 janvier Le 31 janvier, nous quittons Cambrai et allons occuper Marcoing où nous voyons venir trois hulans en parlementaires? — Les soldats font foule sur leur passage.

Nous devons, pendant l'armistice, dit une proclamation du ministre de la guerre, être exercés au moins 6 heures par jour ; par contre, chaque soldat devra avoir un lit pour compenser les mauvaises nuits des derniers mois.

En exécution de cet ordre, nous faisons des manœuvres matin et soir, mais Marcoing n'aurait pas eu, en chassant même les habitants, assez de matelas pour sa garnison.

2 février Le 2 février, le général Faidherbe vient passer à Cambrai la revue du 22e corps. — Nous descendons en ville pour cette solennité militaire.

Le soir nous rentrons dans nos cantonnements sans avoir quitté les rangs depuis sept heures du matin, après six lieues d'étape et trois ou quatre heures, passées dans la boue des glacis de la citadelle, à attendre l'heure du défilé. — Notre paille, ce soir-là, nous sembla bien douce.

Le 4 février, on nous dirige sur nos cantonnements définitifs, à Crévecœur et Lesdin, bons villages où nous prenons un repos, dont nous avions réellement besoin. Moitié des hommes ont des lits, on doit alterner tous les cinq jours, pour que chacun en puisse profiter. 4 février

Et voilà comment on obéit aux ordres des ministres.

Les quatre heures d'exercice qu'on exige de nous tous les jours sont une récréation peut-être monotone, mais qui semble douce après les fatigues des mois passés.

Le 8 février, nous votons pour l'assemblée nationale; on nous engage, les communications avec la Marne étant interrompues, à voter pour le Nord. Nous exécutons ce mouvement avec une rectitude toute militaire; la boue et la pluie nous font sembler bien longues les heures d'attente à la porte de la salle du scrutin. 8 février

Notre séjour à Crévecœur et Lesdin nous permet de reconnaître nos officiers promus pendant la campagne.

M. l'intendant vient aussi nous passer en revue : le grotesque défilé des voitures et des haridelles de service ne sortira pas de longtemps de notre mémoire.

Le 21 février, à cinq heures du matin, par une pluie fine et pénétrante, nous gagnons la gare de Cambrai où nous devons être embarqués avec le 22e corps. Ce mouvement qui marquait le licenciement de notre petite armée du Nord était ordonné par le ministre de la guerre, sur l'avis formulé par 21 février notre général en chef qui, au cas de la reprise des hostilités, croyait à l'impossibilité d'opérations sérieuses dans la région du Nord.

Malgré les dires officiels, des indiscrétions mensongères nous font croire à un embarquement pour l'Afrique où des troubles ont éclaté et où les garnisons sont insuffisantes.

A Dunkerque, nos trains nous débarquent sur le quai par un froid et un vent de mer qui nous pénètrent jusqu'aux os.

Nous logeons chez l'habitant ; il fait gros temps, la 1re division déjà embarquée en partie, doit rentrer dans la rade.

22 février Néanmoins le 22 dans la matinée, le soleil ayant chassé les nuages et le calme de la mer étant revenu, on nous entasse dans de petits canots remorqués par un vapeur ; cet embarquement attire sur la jetée la foule qui nous salue en agitant ses mouchoirs.

Ce joli coup d'œil nous laisse assez froids par l'appréhension d'un voyage en mer. Le 1er bataillon est encaqué sur le *Finistère*, affreux bateau-écurie, où il doit se disputer la place avec 300 chevaux d'artillerie. Les deux autres bataillons, avec notre colonel, prennent passage sur *la France*, un transatlantique superbe, mais où la nourriture du soldat, atteint le maximum de l'insuffisance et où le logement est aussi défectueux que possible.

Nous restons les 22 et 23 en rade, la *France* lève l'ancre dans la soirée du second jour ; la crainte du mal de mer a fait absorber force rhum à bon nombre d'entre nous, précaution inutile car la mer resta d'un calme plat pendant la traversée.

XXI.

Débarquement à Cherbourg. — Biville. — Ste-Croix. — Jobourg. — Bayeux. — Arromanches. — Premier désarmement. — Insurrection du 18 mars. — Désarmement à Caen. — Retour à Reims.

Le 24 février, les 2e et 3e bataillons débarquent à Cherbourg à la nuit tombante, et vont cantonner dans de pauvres villages de la presqu'île du Cotentin : Biville, Ste-Croix, Jobourg, Vauville, etc.; les malheureux pêcheurs qui habitent ces hameaux sont pleins de bon vouloir pour nous. Mais quelle pauvreté dans ces chaumières de matelots! 24 février

De cette presqu'île, on voit Aurigny et aussi Guernesey, c'est la contrebande avec ces deux îles qui fournit une grande partie des revenus du pays. L'hiver avait été assez productif car la surveillance de la douane avait dû nécessairement s'amoindrir.

C'est à la pointe extrême de cette presqu'île, près d'Auderville, occupée par deux compagnies de notre 1er bataillon, que, dans les premiers jours du mois, par un épais brouillard, un bâtiment portant à Cherbourg des blessés de l'armée du général Chanzy était venu échouer dans les rochers du phare, et que 95 passagers et matelots avaient péri avec le commandant.

Le souvenir des deux jours d'agonie de ces malheureux dont les cris venaient percer le cœur endurci des pêcheurs de la côte, impuissants à les secourir, était encore tout frais dans la mémoire des habitants de ces parages.

27 février Le 27, par une pluie fine et un vent terrible, nous retournons à Cherbourg où nous passons la nuit. Nous pouvons admirer sa rade superbe avec l'escadre cuirassée qui s'y repose, et dont on attendait, six mois plus tôt, tant de merveilles dans la Baltique. Le fort qui domine la mer sur un rocher à pic, est d'un aspect grandiose.

28 février Le 28 février, on nous embarque en chemin de fer pour Bayeux ; nous allons cantonner à Arromanches, Asnelles, Longues, Tracy, Magny, Manvieux, Fontenailles et quelques autres villages de la côte.

Dans ces superbes campagnes de la basse Normandie, nous sommes accueillis par les habitants comme aux plus beaux jours de notre vie de soldat, nous refaisons rapidement nos santés si délabrées, et à notre retour à Reims ce sera avec un sourire de dédain que l'on cherchera sur nos joues rougies par le bon air et surtout par la grasse nourriture de ce pays de cocagne, les traces de nos fatigues et de nos misères.

Un bon souvenir plein de reconnaissance à ces hospitalières populations du littoral normand.

Arromanches surtout eut pendant notre séjour dans ces bons villages toute notre prédilection. C'est un joli pays de bains de mer ; de superbes villas jetées avec art dans les trous de rocher de la côte donnent à cette Trouville de l'avenir un aspect qui charma bien de nos instants de flânerie sur les falaises.

Que de visites n'allâmes-nous pas rendre aux demoiselles de Fontenailles, rochers fantastiques battus sans cesse par la vague ! Que de bons moments nous passâmes à contempler la pointe de rochers où périt, dit l'histoire, l'invincible Armada !

Durant ces jours de repos, rien ne vint troubler notre quiétude, tous les jours, par un temps superbe, nous faisions l'exercice sur la plage ou sur les routes.

Le 3 mars nous apprenons la signature des préliminaires de paix. 3 mars

Le 19, le 2e bataillon caserné depuis les derniers jours de février à Bayeux est désarmé, ainsi que le dépôt qui nous a rejoints. Le 3e bataillon vient le 20 à la même ville pour opérer le versement de ses fusils désormais inutiles ; il reçoit contre-ordre en route et fait demi-tour au grand désappointement de tous. 19 mars

Le réarmement du 2e bataillon ne se fait pas sans peine, quelques hommes excités par les habitants font des difficultés pour reprendre leurs armes ; le commandant Bouilly a bientôt raison des rebelles assez faciles du reste à ramener à l'obéissance.

La nouvelle des événements du 18 mars est arrivée, et nous croyons repartir pour une nouvelle campagne, cette fois, contre des français rebelles.

Ce qui nous rend cette nouvelle guerre plus pénible, c'est l'idée de voir une insurrection sociale succéder de si près à la guerre avec l'étranger, dont l'issue avait déjà tant épuisé la France.

Notre seule consolation c'est que nous profiterons du chemin de fer pour venir à Versailles, c'est toujours autant de gagné sur les 15 à 16 étapes que nous avons à faire pour regagner notre pays. — On devient stoïque dans notre métier.

22 mars Le 22 mars, nous quittons nos bons cantonnements pour aller occuper Rots, Berneville et quelques autres villages aux portes de Caen. Marchons-nous sur Paris ou serons-nous bientôt désarmés? Question bien intéressante que nous ne pouvons résoudre et qui nous inquiète fortement.

Enfin, le 24, on nous désarme à la citadelle de Caen et nous allons coucher à Frenouville et Cagny.

Cette fois nous sommes licenciés. Nous allons enfin regagner nos foyers où, hélas! nous devons retrouver, pour combien d'années encore, nos implacables vainqueurs.

Le 26, nous faisons notre première étape de rapatriement, nous venons coucher à Argences, Croisanville, Mizy et Corbon.

27 mars Le 27, nous arrivons à Lisieux où nous séjournous: c'est là que se dissout notre régiment.

Le 4e bataillon de la Somme retourne à Doullens par Rouen. — Nous, nous continuons nos étapes sur Châlons et Reims.

Le lieutenant-colonel de Brouard, nous fait ses adieux dans ce rapport si plein de patriotisme:

« Au moment de se séparer, le lieutenant-colonel ne sachant imiter un meilleur exemple que celui donné par ses chefs, vous fait ses adieux. Officiers, sous-officiers, caporaux et soldats du régiment de Somme et Marne, je vous remercie de m'avoir rendu par votre constance, votre obéissance, votre courage et votre dévouement, la tâche du commandement facile à remplir. Je ne veux parler que de ceux présents encore à l'embarquement de Dunkerque, de nos blessés dans les combats, de ceux qui n'ont pas eu une santé assez robuste pour résister aux fatigues d'une campagne d'hiver. — Je fais fi de ces lâches qui, honte de leurs foyers, de leurs familles, de leur patrie, ne nous ont pas rejoints, ou nous ont quittés.

» A ceux qui ont acquis le glorieux titre de bons et de braves citoyens, j'adresse mes remerciements mérités, en mon nom, au nom du régiment, au nom de la France.

» Le régiment de Somme et Marne a su se faire remarquer à la bataille de Pont-Noyelle, au combat de Bauvois et à Saint-Quentin.

» Un seul sentiment le guidait, celui du devoir ; car ce ne sont pas les récompenses qui venaient nous encourager dans nos rudes épreuves. Une croix méritée par de longs services antérieurs et une médaille militaire ont été le seul prix de notre dévouement à la patrie.

» Qu'importe ? répétez bien haut avec moi, ce noble cri : *Vive la France !* et tout bas ajoutons : *Vengeance !* »

Le 29, nos huit compagnies reformées en 3e bataillon de la Marne vont coucher à Bernay.

Le 30, à Evreux, les habitants refusent de nous

recevoir, ils sont surchargés de passages de troupes, et malgré les 46 kilomètres de l'étape que nous venons de faire, nous devons aller coucher dans les faubourgs à 1 et 2 kilomètres de la ville.

Le 31 mars nous arrivons à Pacy-sur-Eure, quelques compagnies sont détachées aux environs.

Le 1er avril nous venons coucher à Mantes après une ravissante étape le long de la Seine sur l'autre rive de laquelle nous dardons nos regards avec inquiétude et curiosité pour découvrir les Prussiens.

Le 2 avril à quatre heures du soir, un premier détachement de notre bataillon prend le chemin de fer pour gagner Reims par Rouen et Amiens.

Le reste des compagnies part cette même nuit et le jour suivant, par groupes de 50 à 100 hommes.

Nous devons ce soulagement à une savante combinaison de notre colonel et de notre commandant qui nous épargnent ainsi 9 jours de marche.

4 avril Le 4 avril, 7 mois jour pour jour, après notre départ, les derniers détachements rentraient en ville avec beaucoup moins d'illusions qu'au départ.

CONCLUSION

Nous voici arrivés au terme de ce récit, puissions-nous y avoir apporté tout l'intérêt que notre insuffisance et l'aridité du sujet permettait d'y attacher.

Nous avons avant tout tenu à être vrais au risque même d'être un peu sévères quelquefois. Personne ne nous en voudra d'avoir servi la vérité en esclave : encore une fois nous voulions faire non pas l'apologie, mais l'histoire de notre bataillon.

Jusqu'ici, nous n'avons pas eu l'occasion de parler en détail de notre équipement et de notre armement. Ce serait refuser à l'intendance le tribut de souvenirs que nous lui devons.

Plusieurs de nous sont morts du froid dont les garantissaient mal nos effets de pacotille, beaucoup ont connu l'hôpital faute d'être suffisamment fournis en linge et en chaussures.

Pour l'armement, on sait déjà qu'en dehors de sa portée de 600 mètres, qui nous exposait souvent sans défense au tir plus long de l'ennemi, le fusil à tabatière a de graves inconvénients : le culot de la cartouche s'emboîte trop profondément pour permettre de l'extraire sans de grands efforts, de p us, après une vingtaine de coups, le ressort de la tabatière s'encrasse ; il faut employer le talon et quelquefois en vain pour ouvrir la culasse.—Le poids de l'arme en rend aussi le maniement très-pénible. Si nos armes étaient défectueuses, notre équipement l'était bien plus encore.

A Reims, nous n'avions reçu, après une quinzaine de jours d'attente, que des blouses, des képis de toile et des souliers, mais point de chemises ; aussi beaucoup de pauvres diables durent-ils garder celle qu'ils avaient sur eux, depuis et peut-être avant le 10 août, jusque fin septembre où des chemises de très-mauvaise cotonnade nous furent distribuées à Abbeville.

C'est encore là que nous reçûmes avec de nouveaux souliers, des guêtres blanches d'un fort joli aspect mais d'un emploi très-peu pratique.

Nous y eûmes aussi des bretelles de fusil et de nouvelles cartouchières. — Celles de Reims qui avaient dû coûter fort cher, étaient peu faites pour porter des cartouches, car en un mois elles étaient presque toutes hors d'usage. C'est toujours à la caserne du petit quartier à Abbeville, que des tuniques et des pantalons nous furent distribués, mais le drap en était si mauvais qu'il ne put résister aux intempéries des saisons et à la boue qui, dans les manœuvres à plat ventre ou genou-terre, s'imprégnait à l'étoffe et ne s'enlevait qu'avec le morceau auquel elle adhérait.

Qui de nous n'a entendu, à Arras, par exemple, lors de notre vertigineux passage au travers de cette petite ville, les habitants s'apitoyer sur notre ha billement tout rapiécé et rapé de la plus affreuse façon ?

Pendant notre dur séjour au camp de Dury, notre mine piteuse fut sans doute remarquée du général Paulze d'Ivoy, il demanda aux compagnies des états nominatifs pour les effets à remplacer. — Les sergents-majors n'eurent qu'à copier, à dix hommes près peut-être, tous les effectifs. — Le général crut qu'on se moquait de lui, il n'avait que 80 tuniques et pantalons à donner au bataillon, les plus minables furent rhabillés ; et les lambeaux de leurs tuniques ou de leurs pantalons servirent à boucher les accrocs des moins déguenillés.

Après chaque affaire, des voitures d'effets nous apportaient le dixième du nécessaire, et sans les tricots qui furent très-largement distribués, et de bons caleçons de toile, beaucoup seraient morts de froid avec du linge sale sur le corps.

Ni mouchoirs, ni chaussettes, ni capotes, ni couvre-nuques, des rations de viande très-souvent insuffisantes et pas trop régulières.

Voilà l'historique très-sommaire de nos rapports avec l'administration de l'intendance.

Est-il besoin de citer un fait entre mille arrivé au 2e bataillon de Somme et Marne. Nous arrivons dans la soirée à St-Gratien. Sur les 9 heures, après nous être assuré qu'il n'y avait pas de boucher dans le village et que l'intendance était à Querrieux à deux lieues de là, pas visible assurément à une heure aussi avancée, le colonel sachant que ses hommes n'avaient pas eu leurs rations des deux derniers jours et ignorant ce qui pouvait se passer le lendemain, envoie à deux lieues plus loin l'officier de détail du 2e bataillon avec un bon signé de lui, lieutenant-colonel, du chef de bataillon et contre-signé par l'officier de détail pour acheter deux vaches et les faire distribuer à l'appel du lendemain matin.

Tout se passa sans encombre, mais aujourd'hui nous savons que l'intendance refuse de payer le boucher parce que son bon ne porte pas le cachet réglementaire...

Faut-il encore vous rappeler ces souliers qui ne furent pas la moindre cause de notre défaite de St-Quentin. — Leurs semelles de carton quittaient le pied et le laissaient nu pour la marche qui malgré tout courage devenait bientôt impossible.

C'est dans ces conditions plus que défectueuses que des conscrits eurent à se mesurer, par une saison exceptionnelle, avec de vieilles troupes aguerries et disciplinées de longue date.

Il est vrai que les capuchons, les chemises de flanelle, les chaussettes que la société des pères de famille Rémois nous fit distribuer un peu tard, hélas! compensèrent en partie les lacunes de l'administration.

Dieu nous garde d'ingratitude envers cette association si dévouée, mais il faut bien le dire, ces secours ne purent malheureusement nous arriver que du 15 au 30 janvier alors qu'une grande partie de nos misères étaient passées et que beaucoup d'entre nous déjà étaient restés en route.

Néanmoins, ce n'est pas sans fierté que nous constatons ici ce patriotique effort des pères de famille

Rémois. Malgré les charges accablantes de l'occupation ennemie ; malgré les secours considérables que le rude hiver de 1870 les contraignait de donner aux ouvriers sans ouvrage, secours qui s'élevèrent à plus de 60,000 fr. par mois ; malgré les réquisitions énormes que la ville eut à supporter, malgré enfin l'impôt forcé, nos généreux concitoyens n'oublièrent pas leurs fils qui luttaient dans le Nord pour la cause sainte de la patrie, et triomphèrent de tous les obstacles pour faire venir jusqu'à nous des effets et des secours si précieux au milieu de nos misères.

Si Châteaudun, si Saint-Quentin ont su montrer qu'il y avait encore en France des citoyens qui savaient mourir pour leur pays, Reims eut une gloire plus modeste mais qui n'est pas à dédaigner dans ce siècle où l'amour de l'or était devenue la seule religion de bien des gens. — Notre vieille ville a elle aussi bien mérité de la patrie, et elle peut être fière de son rôle dans cette funeste guerre. A côté de trop nombreuses défaillances, elle a fourni beaucoup de soldats volontaires aux armées de Paris, de la Loire et surtout du Nord, où un bataillon de chasseurs était composé presque en entier d'enfants de Reims.

APPENDICE.

Il ne nous reste plus qu'à parler des récompenses et aussi des pertes de notre bataillon durant cette campagne.

Une croix d'honneur décernée à M. de Breuil, chef du 3e bataillon nous fut annoncée au rapport par l'ordre suivant, écho fidèle de nos sentiments à tous:

« Par décret du gouvernement de la défense nationale en date du 6 février 1871, Monsieur de Breuil, Charles-Remy-Marie, chef de bataillon au régiment de mobiles de Somme et Marne est nommé Chevalier de la Légion-d'Honneur.

» C'est avec une vive satisfaction que le lieutenant-colonel inscrit à l'ordre du régiment une nomination si bien méritée à tous égards.

» De tels hommes honorent la décoration qu'ils portent. Aussi le lieutenant-colonel, sachant être l'interprète de tout le régiment de Somme et Marne, adresse à M. le commandant De Breuil les plus sincères félicitations. »

Longues, le 6 mars 1871.

Signé : De Brouard.

Douze médailles militaires furent accordées à

CARON,	Serg.-Maj.,	1re	compag.,	3^{e}	bataillon.	
BUNEAU,	Sergent,	1re	»	3^{e}	»	
AUDIERNE (Aug.)	Garde-Mob.,	1re	»	3^{e}	»	(blessé)
LEMOT (Valentin),	Serg.-Maj.,	2^{e}	»	3^{e}	»	(blessé)
ROUSSELLE,	Sergent,	2^{e}	»	3^{e}	»	(blessé)
GACOIN,	Caporal,	2^{e}	»	3^{e}	»	(blessé)
MANCIER,	Serg.-F^{er},	3^{e}	»	3^{e}	»	(blessé)
LECŒUR,	Garde-Mob., détaché aux C^{es} franches.	4^{e}	»	3^{e}	»	
PETIT (Léon),	»	4^{e}	»	3^{e}	»	
BOUTEILLIER,	Sergent,	4^{e}	»	2^{e}	»	(blessé)
LIÉVIN,	Garde-Mob.,	4^{e}	»	2^{e}	»	(mort de ses bless.)
CHARLIER,	Caporal,			3^{e}	»	

Depuis notre licenciement, notre colonel, M. de Brouard, recevait après le second siége de Paris, auquel il avait pris une part brillante, comme adjudant-major au 67e de marche, la croix de la légion d'honneur.

M. Bouilly, chef du 2e bataillon, nous apprenait aussi qu'enfin il venait de recevoir la croix de la légion d'honneur pour ses services au régiment de Somme-et-Marne et aussi pour sa belle conduite à Gravelotte, où il reçût une balle dans le bras, blessure dont il souffre encore aujourd'hui.

Enfin le ministre de la guerre réparant un oubli impardonnable des bureaux de l'Etat-major général de Lille, donnait à l'adjudant Szmigielski, du 2e bataillon, dont le fait d'armes de Pont-Noyelles a été signalé plus haut, la médaille militaire. Chacun de nous se rappelle sa belle conduite à Breteuil et à Saint-Quentin, que nous ne pouvons rappeler ici.

Nous voici arrivés au relevé de nos pertes malheureusement trop nombreuses.

Partis de Reims à 1600 hommes, 150 engagés volontaires pour l'armée active nous quittent à Abbeville. Ces braves conscrits, dans l'élan de leur patriotisme, craignant de nous voir rester inactifs devant le malheur de notre patrie, avaient préféré nous quitter pour entrer dans l'armée de la Loire dont la formation faisait alors beaucoup de bruit et où toutes les espérances se tendaient comme vers notre dernier espoir.

Un relevé approximatif, qu'on a bien voulu nous communiquer, porte à 250 hommes environ le nombre des mobiles de notre bataillon entrés aux hôpitaux pendant la campagne et qui y sont morts ou ont rejoint le dépôt.

A Harnes, le 9 décembre, lors de la formation du régiment, nous laissâmes plus de 300 hommes, malades ou incapables de supporter les fatigues de la campagne que nous allions entreprendre ; ces hommes formèrent la compagnie de dépôt.

Il nous restait donc environ 900 hommes valides qui ont pris part aux opérations de l'armée du Nord.

Nos pertes dans les diverses batailles, où nous avons pris part, s'élèvent avec autant d'exactitude que l'insuffisance de renseignements définitifs nous permet de l'établir à 45 hommes environ, tués ou blessés pour le 3e bataillon (1re, 2e, 3e, 4e et 5e compagnies) et à 60 hommes environ, tués ou blessés pour le 2e bataillon (6e, 7e et 8e compagnies).

Nos huit compagnies laissèrent aux mains de l'ennemi, presqu'exclusivement le 19 janvier, à la bataille de Saint-Quentin, 150 hommes environ et parmi eux ne pouvons-nous pas compter encore quelques malheureux tués ou blessés qu'il nous a été impossible de connaître et que le temps seul fera retrouver (1).

Ces chiffres, aussi exacts que possible, concordent avec le nombre d'hommes restés au bataillon, au 4 avril 1871, qui s'élève à 950, cadres compris. C'est donc, sans compter les morts et les malades des hôpitaux, une moyenne de pertes de près de 12 0/0 en tués ou blessés.

Cette constatation, honorable au point de vue militaire, doit rester à jamais gravée dans nos cœurs.

En terminant nous devons ajouter que l'avancement fut assez rapide dans le bataillon. — 12 sous-officiers devinrent officiers pendant la campagne et plusieurs de ceux que l'élection avait fait sortir des rangs virent leurs grades confirmés par un avancement régulièrement signé du général Faidherbe.

Nous croyons ne pas nous écarter de la vérité en disant ici que peu de bataillons furent aussi bien commandés que le nôtre, et ce, grâce surtout, nous ne saurions trop le répéter, à M. le vicomte de Breuil, commandant du 3e bataillon ; à M. Bouilly, chef du 2e bataillon, tous deux officiers de l'armée ; aux capitaines détachés de la ligne et dont les mérites militaires devaient nécessairement profiter aux jeunes officiers. Ceux-ci, de leur côté, mirent beaucoup de zèle et de courage au service de fonctions souvent pénibles et auxquelles ils s'efforcèrent de n'être pas trop inférieurs.

(1) Voir la liste donnée plus loin des hommes tués ou blessés dont les noms sont relatés sur les contrôles des compagnies.

Tel est le tableau fidèle de la part du 3e bataillon de la Marne dans cette Armée du Nord, qui sut si bien tenir tête à un ennemi toujours très-supérieur en nombre et servi par une discipline de fer, part dont nous avons lieu d'êtres fiers et qui nous impose pour l'avenir des obligations auxquelles personne de nous ne faillira.

GARDE NATIONALE MOBILE DE LA MARNE

3me BATAILLON

ÉTAT NOMINATIF *par Compagnies des hommes tués et blessés du Bataillon pendant la campagne du Nord* (1).

1er COMPAGNIE

Canton de Isles-sur-Suippe

TUÉS

MAHAUT,	garde mobile,	mort de ses blessures.
PIERRET,	id.	tué le 23 décembre 1870.

BLESSÉS

GRANDIN,	caporal,	blessé le 19 janvier 1871.
CAMUS,	garde mobile,	id.
AUDIERNE, Aug.	id.	blessé le 23 décembre 1870.
BAHUET,	id.	blessé le 19 janvier 1871.
HESTIER,	id.	id.
MACQUART,	id.	id.
MANGEART,	id	id.
MASSON,	id.	id.
PENCIN, Alfred,	id.	id.

(1) Cet état nominatif n'est certes pas complet ; il a été impossible d'avoir la liste exacte des tués et des blessés du bataillon. Cependant nous sommes sûrs des noms que nous donnons ici, qui forment la plus grande partie de nos pertes.

2me COMPAGNIE

Canton de Bourgogne

TUÉS

Guislain,	garde mobile,	tué le 23 déc. 1870.
Gellier,	id.	tué le 19 janvier 1871.
Mancier, Ern.,	id.	id.

BLESSÉS

Lemot (Valentin) A.,	sergent-maj.,	blessé le 19 janv. 1871.
Rousselle,	sergent,	id.
Gacoin (Théodore).	caporal,	id.
Dauthier, Emile,	clairon,	id.
Frize, Adrien,	garde mobile,	blessé le 23 déc. 1871.
Hery, Simon-Victor.	id.	blessé le 19 janv. 1871.
Iblot, Auguste,	id.	id.
Mansuy, Jean,	id.	id.
Royer, Edouard,	id.	id.

3me COMPAGNIE

Canton de Châtillon

TUÉS

Mirambeau.	sergent,	tué le 27 nov. 1870
Grasset,	garde mobile,	tué le 19 janvier 1871.

BLESSÉS

Levavasseur de Précourt,	lieutenant,	blessé le 19 janv. 1871.
Mancier,	sergent,	id.

4me COMPAGNIE

Canton de Fismes

TUÉ

BATTEUX, Louis-Joseph, garde-mobile, tué le 19 janvier 1871.

BLESSÉS

DROUARD, Ernest,	garde mobile,	blessé le 27 nov. 1870.
FAGOT,	id.	blessé le 19 janv. 1871.
BROCHETON,	id.	blessé le 3 janv. 1871.

—

5me COMPAGNIE

1er canton de Reims

TUÉS

CHALAMEL, garde mobile, tué le 24 déc. 1870.

BLESSÉS

MARGOT,	garde mobile,	blessé le 23 déc. 1870.
NONNON,	id.	blessé le 23 déc. 1870.
LASSEAUX, Alphonse,	id.	blessé le 24 déc. 1870.
LASSEAUX, Théo.	id.	blessé le 19 janv. 1871.

—

6me COMPAGNIE

(3me Compagnie du 2me Bataillon.)

2me canton de Reims

TUÉS

NOLIN, Arthur, garde mobile, tué le 27 nov. 1870.
RENAUD, clairon. mort de ses bless. le 23 déc. 1870.

BLESSÉS

JEANNIN, Paul.	sergent,	blessé le 19 janv. 1871.
GÉRARD, Léon.	caporal,	id.
AUGER,	garde mobile,	id.
BONBARON,	id.	id.
DEHANT,	id.	id.
DERVIN,	id.	id.
DEFRANCE,	id.	id.
LEVERT,	id.	id.
QUIQUET,	id.	id.

7me COMPAGNIE

(*4me Compagnie du 2me Bataillon.*)

3me canton de Reims

TUÉS

VILLET,	garde mobile.	mort de ses bl.	du 28 nov. 1870.
LIÉVIN, Alfred.	id.	id.	du 23 déc. 1870.
BARTHÉLEMY,	id.	id.	du 19 janv. 1871.
GOUGELET, Basile,	id.	id.	id.
QUENTIN, Edouard.	id.	id.	id.
BOUDIN, Jean-B.	id.	tué le 19 janvier 1871.	
FOURNIER,	id.	id.	
LEFÉBURE, V.	id.	id.	
MAILLET.	id.	id.	

BLESSÉS

BOUTEILLIER.	sergent.	blessé le 19 janvier 1871.
PONSINET,	caporal,	blessé le 23 décembre 1870.
CHANTEMESSE,	garde mobile.	id.
COCHARD, Louis,	id.	id.
DEGORRE,	id.	id.
FRESNE, Eug..	id.	id.
LECLERC.	id.	id.
PALLOTEAU.	id.	id.
ANTOINE, Louis.	id.	blessé le 19 janvier 1871.
GÉNIN, J.	id.	id.
LEROY, Alfred.	id.	id.
MARBY,	id.	id.
OCQUIDENT, Ch.,	id.	id.
QUENTIN, Louis.	id.	id.
THIRY,	id.	id.

8me COMPAGNIE

(*5me Compagnie du 2me Bataillon.*)

Canton de Ville-en-Tardenois

TUÉS

GOUTANT Gabriel, lieutenant, mort de ses bl. du 19 janv. 1871.
FOURNIER, garde mobile, tué le 19 janvier 1871.

BLESSÉS

BEUZART,	garde mobile,	blessé le 23 décembre 1870.
BERTIN,	id.	id.
DEGENNE, Jules,	id.	id.
GÉNIN,	id.	id.
LAMBERT,	id.	id.
MALATRAIT,	id.	id.
LAGUERRE, Théod.,	id.	id.
RAILLIA, René,	id.	id.
CUNIN, Victor,	id.	blessé le 19 janvier 1871.
OLION, Charles,	id.	id.
RAUCOURT,	id.	id.
VOILEAUX,	id.	id.

HOMMES TUÉS & BLESSÉS APPARTENANT AU 3e BATAILLON

et dont nous n'avons pu connaître les nos de compagnie

BOITELLE,	mort de ses bl.
RICHARD, Stéphen,	id.
DE BELLEVILLE,	blessé.
CUNY, Félix, de Montécourt,	id.
DENSIER,	id.
FLEHAUT,	id.
GAUTHIER,	id.
GRAS, Augustin,	id.
HAVEAU,	id.
JOURNET,	id.
LACUISSE,	blessé.
LOUIS, Joseph,	id.
REVELOT, Joseph,	id.
RALLET, Jules,	id.
THIERRY,	id.
THUBÉ, de Fismes,	id.
TAUTE, Jules,	id.
WILLEMAND, Arsène,	id.
WATTEAU, Alfred,	id.

NOTES ET PIÈCES JUSTIFICATIVES

Ordre du jour du général Faidherbe, en prenant possession de son commandement.

OFFICIERS, SOUS-OFFICIERS ET SOLDATS,

Appelé à commander le 22e corps d'armée, mon premier devoir est de remercier les administrateurs et les généraux qui ont su, en quelques semaines, improviser une armée qui s'est affirmée si honorablement les 24, 26 et 27 novembre sous Amiens.

J'exprime surtout ma reconnaissance au général Farre qui vous commandait, et qui, par une habile retraite devant des forces doubles des siennes, vous a conservés pour le service du pays.

Vous allez reprendre de suite les opérations avec des renforts considérables qui s'organisent chaque jour, et il dépendra de vous de forcer l'ennemi à vous céder à son tour le terrain.

Le ministre Gambetta a proclamé que, pour sauver la France, il vous demande trois choses : la discipline, l'austérité des mœurs et le mépris de la mort.

La discipline, je l'exigerai impitoyablement.

Si tous ne peuvent atteindre à l'austérité des mœurs, j'exigerai du moins la dignité et spécialement la tempérance. Ceux qui sont aujourd'hui armés pour la délivrance du pays sont investis d'une mission trop sainte pour se permettre les moindres licences en public.

Quant au mépris de la mort, je vous le demande au nom même de votre salut. Si vous ne voulez pas vous exposer à mourir glorieusement sur le champ de bataille, vous mourrez de misère, vous et vos familles, sous le joug impitoyable de l'étranger. Je n'ai pas besoin d'ajouter que les cours martiales feraient justice des lâches, car il ne s'en trouvera pas parmi vous.

Le 5 décembre 1870.

Le général de division,
commandant le 22e corps d'armée,
L. FAIDHERBE.

—

En prenant possession de son commandement, notre lieutenant-colonel nous fit communiquer l'ordre du régiment suivant :

Lorsqu'au mois de décembre de l'année 1870, le régiment de Somme-et-Marne fut constitué, le temps manqua pour organiser régulièrement les cadres du régiment. Nous dûmes nous mettre en route, à peine au sortir d'élections regrettables à plus d'un titre. Il devait en résulter un certain désordre auquel jusqu'à ce jour, par suite de nombreuses marches en avant et de combats glorieux, il a été impossible de porter remède. Il faut absolument sortir d'un chaos qui nuit aussi bien à la discipline qu'à l'administration du corps.

En conséquence, le colonel, en vertu des pouvoirs qui lui ont été concédés, arrête dans l'ordre n° 3 la formation des cadres du régiment.

En ce qui concerne Messieurs les officiers, les nominations sont le résultat des élections régulièrement constatées par des procès-verbaux signés des membres des bureaux et aussi des nominations faites directement par Monsieur le Général de division Commandant en chef l'armée du Nord.

En ce qui concerne les sous-officiers, caporaux, tambours et clairons, les nominations sont faites par le lieutenant-colonel commandant le régiment en vertu de ses pouvoirs de chef de corps.

Douchy-les-Ayette, le 10 Janvier 1871.

Le Lieutenant Colonel commandant le régiment,
Signé : De Brouard.

(Ordre du régiment, n° 1.)

Quelques jours après Bapaume, le général Faidherbe nous adresse l'ordre du jour suivant :

A l'armée du Nord,

A la bataille de Pont-Noyelles, vous avez victorieusement gardé vos positions.

A la bataille de Bapaume, vous avez enlevé toutes les positions de l'ennemi.

J'espère que cette fois il ne nous contestera pas la victoire.

Par votre valeur sur le champ de bataille, par votre contenance à supporter les fatigues de la guerre dans une saison aussi rigoureuse, vous avez bien mérité de la patrie.

Les chefs de corps devront me signaler les officiers, sous-officiers et soldats qui, par leur conduite, auraient plus spécialement mérité des récompenses.

Vous allez immédiatement compléter vos approvisionnements en munitions de guerre pour continuer vos opérations.

Signé : FAIDHERBE.

Boiry-Sainte-Rictrude, le 9 Janvier 1871.

(*Ordres généraux n°* 1.)

A cette proclamation, le général du Bessol ajoute l'ordre suivant à notre division :

Depuis le 22 Novembre 1870, les corps de la division ont pris une part active à tous les combats livrés par l'armée du Nord. Le général commandant la division tient à leur témoigner toute sa satisfaction pour la solidité et l'entrain qu'ils ont montrés dans ces différentes affaires.

Le 23, l'infanterie de marine enlevait au pas de course le bois de Mézieres, défendu par de l'infanterie et de l'artillerie.

Le 26, le 43e et le 20e bataillon de chasseurs repoussaient victorieusement les attaques de l'ennemi sur Buchy et Gentelles.

Le 27, la 1re brigade livrait à Villers-Bretonneux, contre des forces triples, le combat le plus acharné de cette campagne, et l'ennemi, étonné de sa vigoureuse résistance, avouait des pertes énormes. Le corps le plus éprouvé était encore l'infanterie de marine.

Le 23 Décembre, toute la division, après avoir tenu seule contre les efforts de l'ennemi, luttait jusqu'au soir pour conserver ses positions.

L'infanterie et les chasseurs restaient en ordre, malgré la contagion de l'exemple donné par quelques corps auxiliaires.

Le 18e bataillon, attaqué vigoureusement, éprouva des pertes sensibles, sans perdre un seul pouce de terrain.

Le 91e, présent à ces différentes affaires, a montré un bon esprit à Pont-Noyelles, il a exécuté une marche en bataille vigoureuse, sous un feu très-vif.

Le général recommande un peu plus de promptitude dans l'exécution des mouvements, surtout devant l'ennemi. Il rappelle en même temps que tous les corps doivent se conformer au mouvement général, à moins d'avoir reçu une mission particulière.

L'artillerie a montré partout une grande solidité. Le général ne rend pas responsables de l'hésitation qu'il a remarquée dans une batterie, les officiers et la troupe qui continuent à en faire partie, convaincu qu'avec un nouveau chef cette batterie se comportera à l'avenir aussi brillamment que les autres.

Les régiments de mobiles sont loin d'avoir la solidité désirable.

Le général, tout en tenant compte de l'infériorité de l'armement, infériorité que les hommes s'exagèrent, recommande aux officiers de s'occuper de leurs hommes, de veiller à leurs intérêts, de leur donner l'exemple de l'abnégation, du courage, en un mot de toutes les vertus militaires. Ils doivent leur rappeler que chaque corps représente un département, et que des bulletins sont régulièrement envoyés chez eux.

Ces régiments, du reste, commencent à s'aguerrir.

A Villers, une compagnie de mobiles, déployée en tirailleurs, est constamment restée en ligne, malgré des pertes sérieuses.

Occupant le bois de Querrieux, une compagnie de mobiles du Gard a montré de l'entrain.

A Pont-Noyelles, un bataillon de Somme-et-Marne, le 2e, a fait une vigoureuse tentative pour reprendre le village.

Enfin, à chaque affaire, on voit les mobiles se mêler aux rangs des troupes les plus avancées ; c'est ainsi que dans le faubourg de Bapaume, quelques-uns ont héroïquement combattu à côté du colonel Foerster.

Les services administratifs de la division ont montré de l'intelligence et du dévouement, c'est grâce à eux que les blessés de presque toute l'armée, dans les dernières affaires, ont dû de pouvoir être recueillis et pansés.

En résumé, la division a eu une grosse part dans les dangers et dans les fatigues éprouvées par l'armée du Nord.

Une réunion de jeunes conscrits est devenue en quelques jours une armée sérieuse qui a combattu, qui a souffert, qui s'est aguerrie, qui est aujourd'hui pleine de confiance, et sur laquelle la France peut compter.

Le général accorde une mention toute particulière au 20e bataillon de chasseurs, pour la manière brillante dont il a reçu la charge des cuirassiers prussiens.

Les vieux soldats savent que la cavalerie n'est jamais à craindre quand l'infanterie est en ordre.

Le général félicite le 20e bataillon d'en avoir fourni une preuve de plus.

Le Général de brigade
Commandant la division,
Signé : DU BESSOL.

(*Ordres généraux*, 2.)

Nous croyons utile de citer ici l'ordre de commutation de peine dont nous avons eu l'occasion de parler plus haut.

Les cours martiales de la 2e division du 22e corps et de la 1re division du 23e corps, ont prononcé des condamnations à mort contre des hommes coupables d'abandon de leur poste et de leurs armes devant l'ennemi.

Ces condamnations, parfaitement justifiées, se produisant après une victoire, le général en chef a cru devoir user d'indulgence et consentir à une commutation de peine, envoyant les condamnés *aux travaux forcés*.

Le général en chef a la certitude que de pareils actes ne se renouvelleront plus : s'il en était autrement, le jugement des cours martiales divisionnaires serait désormais exécutoire.

FAIDHERBE.

(*Ordres généraux*, 7.)

Après la bataille de Saint-Quentin, pour empêcher le découragement de gagner son armée qui venait d'être forcée à battre en retraite, après avoir beaucoup souffert, le général en chef crut devoir lui adresser l'ordre du jour suivant :

« Douai, 31 janvier.

» Soldats !

» C'est un devoir impérieux pour votre général de vous rendre justice devant vos concitoyens. Vous pouvez être fiers de vous-mêmes et vous avez bien mérité du pays.

» Ce que vous avez souffert, ceux qui ne l'ont pas vu ne pourront jamais se l'imaginer, et il n'y a personne à accuser de ces souffrances, les circonstances seules les ont causées.

» En moins d'un mois, vous avez livré trois batailles et plusieurs combats à un ennemi dont l'Europe entière a peur. Vous lui avez tenu tête ; vous l'avez fait reculer maintes fois devant vous, vous avez prouvé qu'il n'était pas invincible et que la défaite de la France n'était qu'une surprise amené par l'ineptie d'un gouvernement absolu.

» Les Prussiens ont trouvé dans de jeunes soldats à peine habillés et dans des gardes nationaux des adversaires capables de les vaincre. Qu'ils ramassent vos traînards et qu'ils s'en vantent dans leurs bulletins, peu importe ! Ces fameux preneurs de canons n'ont pas encore touché une de vos batteries.

» Honneur à vous !

» Quelques jours de repos, et ceux qui ont juré la ruine de la France nous retrouveront debout devant eux. »

(Faidherbe, *Ordre généraux*, p. 101.)

Après la revue du 22ᵉ corps, passée à Cambrai, le général Lecointe porte à la connaissance des troupes placées sous son commandement cet ordre général :

A l'occasion de la revue qu'il vient de passer, M. le Général en chef charge M. le général Lecointe, commandant le 22ᵉ corps, d'exprimer aux troupes de ce corps toute sa satisfaction pour les éminents services qu'elles ont rendus à la cause nationale pendant les deux derniers mois de guerre, et spécialement aux batailles d'Amiens, de Pont-Noyelles, de Bapaume et de Saint-Quentin.

Elles ont, par leur admirable énergie, maintenu sauf l'honneur de nos armes, en luttant honorablement dans des conditions d'infériorité incroyables.

Aujourd'hui, dans les circonstances douloureuses où se trouve le pays, il nous faut redoubler de dévouement pour être prêts à tout, soit contre l'étranger, soit en prévision de difficultés intérieures.

Nous avons à sauvegarder la liberté et la dignité nationale; le pays, dont la volonté va être exprimée par la majorité de ses mandataires, doit être maître de ses destinées.

Le devoir des citoyens armés est de faire respecter sa volonté, et je compte sur l'armée du Nord pour l'accomplissement de ce devoir.

Le Général en chef,
Signé : FAIDHERBE.

(*Ordres généraux*, 9.)

Après nous avoir transmis cet ordre, le rapport du jour nous porte ces paroles de notre colonel :

« Le colonel est heureux de transmettre au régiment les félicitations de M. le Général commandant en chef.

» Le régiment s'est surtout fait remarquer par sa bonne tenue au défilé. — Le colonel saisit cette occasion pour rappeler aux hommes qu'ils se sont bien conduits à l'affaire de Beauvois et à la bataille de Saint-Quentin ; qu'ils ont montré à la revue qu'ils étaient capables de régularité dans les manœuvres. En un mot, aujourd'hui ils peuvent fournir un bon service militaire.

» Le colonel espère que chacun, selon son grade, fera tous ses efforts pour maintenir le régiment à ce niveau et même pour l'élever encore... »

Quelques jours après, à l'occasion de notre embarquement, on nous communique l'ordre général suivant :

Le 22e corps d'armée est appelé par le ministre de la guerre à faire partie de l'armée de Cherbourg el laissera dans le Nord de bons et durables souvenirs.

A l'occasion de ce mouvement. le Ministre écrit au Général en chef de l'armée du Nord :

« Recevez, Général, mes vives félicitations sur la manière si pleine d'énergie avec laquelle vous avez dirigé les opérations de l'armée du Nord : vos troupes et vous, vous vous y êtes fait grand honneur. »

Bordeaux, le 15 février 1871.

Le Ministre de la Guerre,

Général Le Flô.

(*Ordrès généraux*, 10.)

Cet ordre fut suivi de la proclamation suivante :

Valognes, le 14 Mars 1871.

Le Général commandant en chef porte à la connaissance des troupes la dépêche suivante qu'il a reçue du ministre de la guerre :

Bordeaux, le 10 Mars 1871.

Mon cher Général,

L'arrêté du 7 mars a prononcé le licenciement des armées actives et de leurs état-majors. Je vous invite à en assurer l'exécution pour les troupes placées sous vos ordres.

Au moment où vous quittez votre commandement, je vous prie d'accepter tous les remerciements du Gouvernement pour le concours que vous lui avez prêté dans des circonstances aussi difficiles, et pour le dévouement dont vous n'avez pas cessé de donner des preuves.

Veuillez bien être auprès des officiers généraux et officiers de tous grades, sous-officiers et soldats, l'interprête de la reconnaissance du pays, pour la constance et les efforts qu'ils ont déployés dans cette campagne, et grâce auxquels il est permis de dire que nos armes, en cessant d'être heureuses, n'ont pas cessé de mériter le succès : on a pu épuiser leurs forces mais non leur courage, et la nation compte qu'ils ne faibliront pas aux nouveaux devoirs qui les attendent.

Cette lettre sera mise à l'ordre de l'armée :

Signé : Général Le Flô.

Le Général en chef ne veut point quitter les troupes réunies sous son commandement, qui ont pris une si grande part à la défense nationale sur divers points du territoire, sans leur exprimer les sentiments de cordiale affection et de vive reconnaissance pour leurs services rendus au pays pendant la malheureuse guerre qui vient de finir.

Dans cette lutte inégale, leurs efforts ont du moins sauvé l'honneur des armes françaises. Nos jeunes armées, improvisées au milieu de désordres sans précédents, ont fait bravement leur devoir et donné à la patrie l'assurance que ces désastres seront bientôt réparés.

C'est avec la certitude dans le cœur de vouloir travailler sans relâche à mériter un avenir glorieux, que nous nou séparons aujourd'hui.

Le Général commandant en chef,

Signé : DE POINTE DE GEVIGNY.

(*Ordres généraux*, 11.)

A l'époque de notre premier désarmement, que l'insurrection de Paris devait interrompre, on nous donne lecture au rapport de l'ordre suivant :

Le Ministre de la Guerre adresse à M. le Général de Division Commandant en chef l'armée du Cotentin l'ordre général suivant :

Bordeaux, 14 mars 1871.

Gardes Mobiles de Paris et des départements,

Après six mois d'une campagne laborieuse et où votre courage a été à la hauteur de tous les sacrifices qui vous étaient imposés, vous allez rentrer dans vos familles justement fières de vous ; vous y porterez noblement la consolation que donne le sentiment d'un devoir noblement accompli.

La fortune a trahi vos efforts, mais vous avez sauvé l'honneur de votre patrie, et un jour viendra, pas trop éloigné j'espère, où il nous sera donné de lui rendre, à force d'énergie et de dévouement, toute sa grandeur passée.

Soyez-en sûrs, rien, ni personne ne saurait arrêter longtemps les destinées providentielles de notre nation.

Courage donc, patience et patriotisme.

Valognes, 15 Mars, 1871.

Le Général P. A.

Le Général de Division, Chef d'Etat-Major,

FARRE.

(*Ordres généraux*, 14.)

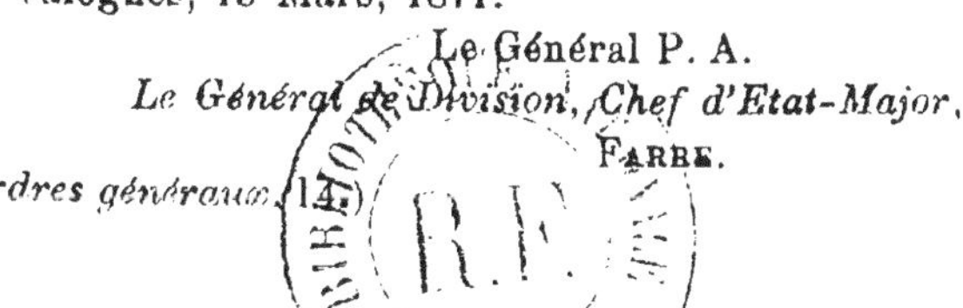

TABLE DES MATIÈRES.

REIMS, IMP. V. GEOFFROY ET Cº.

www.ingramcontent.com/pod-product-compliance
Ingram Content Group UK Ltd.
Pitfield, Milton Keynes, MK11 3LW, UK
UKHW012224240726
13966UKWH00003B/929